图解 精益制造082

丰田日常管理板：

用一张看板激发团队士气

トヨタの日常管理板　チームを1枚！で動かす

日本OJT解决方案股份有限公司 著
冯晶 译

人民东方出版传媒
People's Oriental Publishing & Media
東方出版社
The Oriental Press

图字：01-2021-5120 号

图书在版编目（CIP）数据

丰田日常管理板：用一张看板激发团队士气 / 日本 OJT 解决方案股份有限公司（OJT Solution）著；冯晶 译. —北京：东方出版社，2022. 3
（精益制造；082）
ISBN 978-7-5207-2688-7

Ⅰ. ①丰… Ⅱ. ①日… ②冯… Ⅲ. ①丰田汽车公司—工业企业管理—经验 Ⅳ. ①F431. 364

中国版本图书馆 CIP 数据核字（2022）第 036371 号

精益制造 082：丰田日常管理板：用一张看板激发团队士气
（JINGYIZHIZAO 082：FENGTIAN RICHANG GUANLIBAN：YONG YIZHANG KANBAN JIFA TUANDUI SHIQI）

作　　者：日本 OJT 解决方案股份有限公司
译　　者：冯　晶
责任编辑：崔雁行　高琛倩
出　　版：东方出版社
发　　行：人民东方出版传媒有限公司
地　　址：北京市西城区北三环中路 6 号
邮　　编：100120
印　　刷：北京文昌阁彩色印刷有限责任公司
版　　次：2022 年 3 月第 1 版
印　　次：2022 年 3 月第 1 次印刷
开　　本：880 毫米×1230 毫米　1/32
印　　张：7. 625
字　　数：136 千字
书　　号：ISBN 978-7-5207-2688-7
定　　价：68. 00 元
发行电话：（010）85924663　85924644　85924641

冒昧地问

身为管理者和

领导者的各位朋友

一个问题。

1 贵公司目标与员工目标紧密相关吗?

2 面对工作目标，整个团队团结一心吗?

3 您对每位员工的工作情况都了如指掌吗?

4 了解一线问题，并提出解决方案了吗?

5 团队全员实现目标之后，

实实在在感受到“成长”了吗?

如果

有一个方法

可以同时满足上述全部要求，

您想要吗？

其实，丰田就有一个

仅用一张板，就可以运转整个团队的

宛若魔法般的管理工具。

那就是

丰田的“日常管理板”。

应用丰田的日常管理板，

可以打造这样一支理想团队。

- **找到团队存在的问题**
- **培养善于合作的问题解决型人才**
- **让每位员工的日常工作都与实现整个团队，甚至全公司的目标联系起来**

长久以来，这套工具广泛应用于丰田的所有生产一线，

硕果累累。

"但是，这是因为在工厂等，
以重复作业为中心的生产一线，
才会奏效吧？"

并非如此，

这套方法现在不仅应用到了办公室工作中，

还引入到金融、医疗/护理、零售等

非制造业中，

取得了丰硕成效。

这就是本书所论述的

最强管理工具——

丰田的“日常管理板”。

何为丰田的“日常管理板”

何为日常管理板?

用简单的方法，
快速高效地实施“改善”，
培育实力人才的机制。

具体做什么?

在办公现场摆1张告示板，
将目标/现状/课题全部“可视化”。
每天更新信息，全员共享并一起确认，
推行改善。

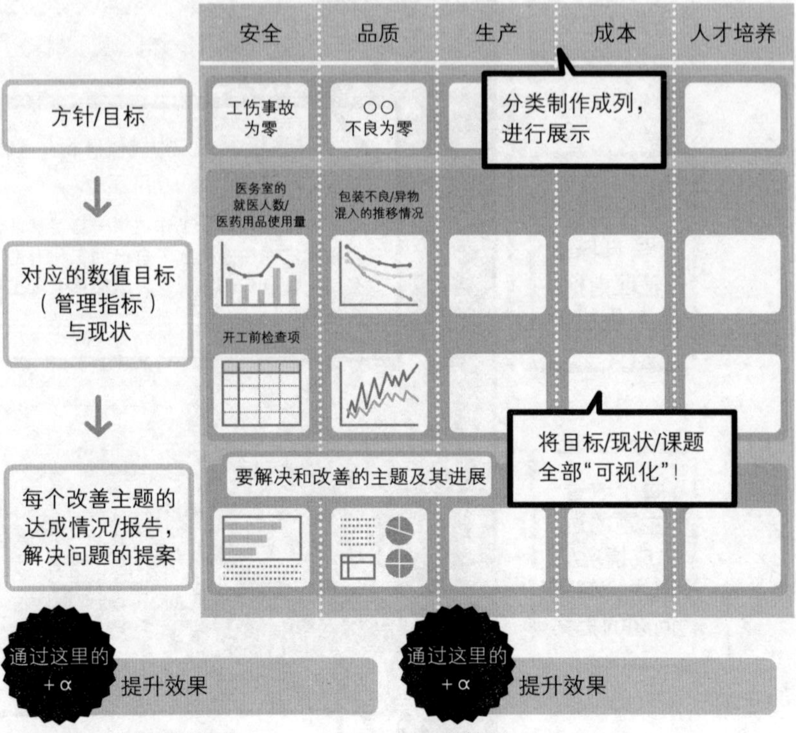

通过这里的+α 提升效果

每天为了共享最新信息，由担当人员进行汇报

达成目标的措施之一是担当人员每日监测数据并用图表展示在日常管理板中，以便让现场全员清晰了解情况。在每日早会和月度会议上进行汇报，密切把握现状。

通过这里的+α 提升效果

重视结果，同样重视过程

基于对现状的理解，现场全体人员一起献计献策，每日快速运转PDCA。此外，丰田不仅重视目标的达成结果，同样重视达成目标的过程。日常管理板的另一个重要作用是将过程“可视化”。

这就是丰田“日常管理板”的真身！

方针 / 目标

对应的数值目标（管理指标）与现状

每个改善主题的达成情况/报告，解决问题的提案

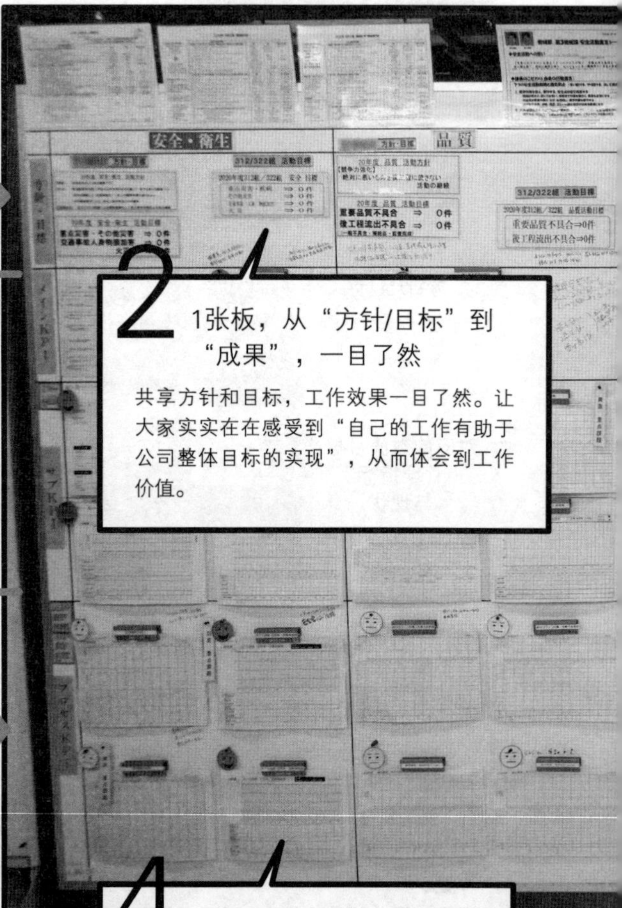

2 1张板，从“方针/目标”到“成果”，一目了然

共享方针和目标，工作效果一目了然。让大家实实在在感受到“自己的工作有助于公司整体目标的实现”，从而体会到工作价值。

4 明确担当人员，并展示出来

明确展示“由谁”“在什么时间前”“做什么”。指定担当人员，不仅可以保证工作切实落实，还有助于提升个人责任感，培养人才。

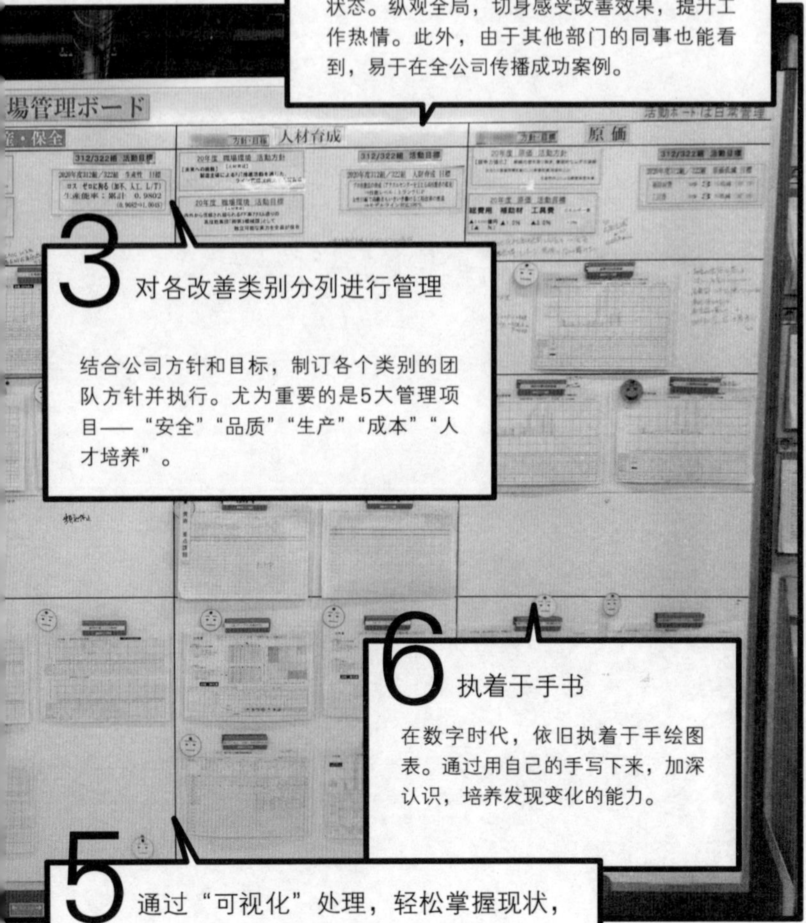

1 醒目地展示在员工的必经之地

保持随时可确认和共享目标 / 现状/课题信息的状态。纵观全局，切身感受改善效果，提升工作热情。此外，由于其他部门的同事也能看到，易于在全公司传播成功案例。

3 对各改善类别分列进行管理

结合公司方针和目标，制订各个类别的团队方针并执行。尤为重要的是5大管理项目——“安全”“品质”“生产”“成本”“人才培养”。

6 执着于手书

在数字时代，依旧执着于手绘图表。通过用自己的手写下来，加深认识，培养发现变化的能力。

5 通过“可视化”处理，轻松掌握现状，提升问题的发现和解决能力

通过图表等工具，将现状和问题分析“可视化”，从而让每位员工清晰地了解“自己应该做什么”，培养员工主动“发现问题→解决问题”的能力。

目 录

Contents

CHAPTER 3 制作方法

交出成果！日常管理板的制作方法

CHAPTER 4 活用术

不断改善！丰田的日常管理术

CHAPTER 5　运用

日常管理板的应用秘诀

CHAPTER 6 方针管理

〈应用篇〉通过方针管理，实现差异化

序　言
Preface

▶企业面临的全部问题的真正原因是什么？

我们 OJT Solutions 的培训员们皆出自丰田。在丰田工作时，他们曾在工厂等生产一线，带领 50~300 名下属，团结一心，实施改善活动。现在我们基于那段经验，每天给众多公司提供咨询服务，传递“**建立行之有效的团队的终极奥义**”。

本书将介绍其中既**容易借鉴**，又兼具**强大效果**，同时已经取得累累硕果的“**日常管理板**”。现在，日常管理板**几乎灵活应用于丰田的所有生产一线**。

我们提供咨询服务的客户公司遍布各行各业，企业规模也各不相同。然而，左右成功的因素却惊人地相似。

其中之最，便是“**团队是否团结一致**”。看似简单，但这是一个企业能否走向成功的十字路口。因此，为**建立团结**

一心的团队，形成共创丰硕成果的强大力量，本书将介绍日常管理板这一工具及其应用方法。

在此之前，为调查清楚您所在的团队状态，让我们先总结一下常见的共通问题吧。

①经营层的问题~真的了解一线了吗

根据问题企业的实际调查情况，首先经营层的常见问题是“不太了解一线”。

即比起亲临现场考察，经营层们更关注当期的营业额、销售业绩、成本水平等结果类数据，并基于这些数据管理公司。

此外，热血派的经营者常常过度追求理想，将自己的想法强压给员工。他们也经常与员工交流，看似“重视现场”，但常常基于自身经验和标准，提出业绩要求，其实并没有充分理解现场实际面临的问题。

②员工层的问题~是否对工作保持“问题意识”

接下来列举一下员工层的问题。

非常典型的是认真工作，但从不怀疑工作方式是否有问题，例行公务似的盲目工作的情况。

此外，有些员工虽然有理想有热情，但我行我素，单打独奏。他们虽然听到经营层和管理者们要求“改善业务，提高工作效率”，但无暇顾及，认为“没那个时间”“不可能”。

这两类人看似截然相反，但其实有个共同点，就是先入为主地认为“自己的工作就是这样的”。

这里只列举了部分问题。但无论是什么具体问题，实质都是“**经营高层和一线员工虽然同在一家公司，但互不了解对方的想法和实态，各行其是**”。

身为管理者的读者朋友们应该见过不少这样的情况，感同身受过吧。

▶无法实现目标的原因和解决方案

企业高层和一线互不了解，最终很容易导致经营层发布的公司方针和目标无法反映一线情况，流于口号。对一线来说，完全不切实际。

例如这样的方针和目标：

“扩大销售份额，营业额提升至 1.3 倍”

“提供备受客户长久喜爱的服务”

此外，不论公司方针和目标是什么，员工如果没有建立改善方法，就无法找到实现目标的具体方案。

例如，员工们竭尽全力实现了当期业绩，下期目标是营业额提升至1.3倍，若无改善技巧和方法，就只能增加人手。如果还要“拓展销售区域”，就更无须多言了。

若不能增加人手，那么只有提升现有员工的工作负荷。

但是，员工会疲惫不堪，很难达成目标。甚至出现最坏的情况——大家勉强硬干，导致发生工伤事故，或流出不良产品。

如果目标是“提供备受客户长久喜爱的服务”，又会出现什么问题呢?

员工们应该也会认同“这一点确实很重要”。

但是，如果没有实现方法，或者不具备将抽象目标分解成具体目标的能力的话，“提供备受客户长久喜爱的服务”这一目标将不过是一个“须知”罢了。不能付诸行动，最终只会被忽视。

类似上述情况的方针和目标流于奋斗口号的企业不在少数。理想状态应该是，**对于公司方针和目标所提出的“经营层的挑战方向”，每一位员工都充分了解自己应该“做什么”。**

此时就需要日常管理板以及负责现场管理的管理者朋友们登场了。

▶管理者有什么职责？应具备什么能力？

追根究底，我认为管理者的真正职责是，“将经营层的理念和一线的努力连接起来”。即向经营层传递“现场当下的苦恼”，向一线传达公司方针和经营层的理念，动员一线实施改善。在客户公司，我们的培训员们致力于成为经营层和一线之间的桥梁。

最终，在很多客户公司，我们从经营层和一线都听到了“**管理者也应该像培训老师一样**”的声音。在提供改善咨询服务的过程中，我们最常用的工具就是丰田的“日常管理板”。

本书将详细介绍日常管理板的内容、制作方法，以及让一线充分参与的应用技巧，此外，还会介绍在非制造业和办公室工作中的应用难点——寻找改善主题的方法。本书还用一定篇幅介绍了如何根据公司方针和目标设定团队目标，以及基于工作方针进行团队管理的方法。

管理者先行，打破经营层和一线之间耸立的隐形墙，建立行之有效的团队，如果本书能为此略尽绵薄之力，将是笔者的无上荣幸。

OJT Solutions

本书出现的丰田用语词库

【改善】

丰田生产方式的核心思想。全员参与，挑战彻底杜绝浪费，提高生产效率的活动。现今应用于很多企业，被称为日本制造业的强大源泉。

【5S】

取整理、整顿、清扫、清洁、素养的日文罗马拼音首字母，称为“5S”。5S 的目的不是单纯整理干净，而是让问题和异常一目了然，促进改善。

【5 大管理】

①安全、②品质、③生产、④成本、⑤人才培养。在现场管理中，丰田的监督管理人员应严格贯彻的基本。

【准时化】(Just In Time)

与自动化并列，是丰田生产方式的支柱思路。杜绝现场的浪费，提高工作效率，具体指“在必要时间，生产必要数量的必要物品”。

【真因】

指问题发生的真正原因。对真因实施对策后，问题不会再次发生。与此相对，要因指消除一个之后，问题还会再次出现的表面原因。

【班长、组长、工长、科长】

本书中出现的管理职。“班长”从司龄 10 年左右的员工中选拔，作为现场的指挥者，管理 10 人左右的团队。依次向上是管理数位班长的“组长”、管理组长的“工长”、率领包括工长在内的数百人团队的“科长”。现在，丰田已更改职称叫法，“班长”变成“TL（Team Leader）”了。

【丰田生产方式】

彻底消除浪费，削减成本，与此同时，全面追求造物方式和作业方法合理性的丰田独特的制造技术。挑战以更低的价格、更合理的时间，将更优质的产品提供给更多客户的全公司的机制。

【解决问题的 8 个步骤】

丰田的问题解决流程。①明确问题、②把握现状、③设定目标、④彻底找到真因、⑤制订对策计划、⑥实施对策、⑦确认效果、⑧固化成果。通过执行这些工作步骤，遇到问题时，可以不用凭感觉和经验，而是通过理论思考与分析，高效解决问题。

【平准化】

在一定的时间内，流水生产一定数量的产品。分散作业，使工作不集中到某些特定作业人员手中。准确地说，这叫作“量的平准化”。此外，不一次性生产某种类型的全部产品，而是规定每个产品类型的数量，按顺序流水生产，叫作“种类的平准化”。无论哪种准时化，都是实现更短循环时间的“准时化”流水生产的必要前提。

【段取】

指制造一线的某个生产线需要切换生产产品时，为更换模具和工具等而进行准备。而更换设备、清扫、生产前确认等，与切换有关的全部作业叫作“段取切换”。具体分为必须停止产线的“内段取”和无须停止产线的“外段取”。在遇到多品种、小批次生产情况时，除消除浪费之外，研讨是否可以从内段取转为外段取，也非常关键。

【横展】

“横向展开”的缩略语。丰田生产方式的专用语，意思是将某些生产线和作业现场的成功对策，横向展开到类似生产线和现场。

本章将介绍丰田日常管理板的目的和魅力。
究竟丰田公司认为的“日常管理”是什么？其机制又是什么？

CHAPTER 1

全貌与优势 丰田『日常管理板』的力量

首先，笔者将尽可能清晰地从这些基本内容开始揭秘。接着，介绍应用日常管理板之后，现场将发生什么变化，以及激发员工工作热情、引导员工主动改善的原因。最后，从3个方面介绍日常管理板在管理者和员工之间发挥了什么作用。

CHAPTER 1
全貌与优势
丰田“日常管理板”的力量

厉害之处在哪儿？
其优势是什么？

→ 010页

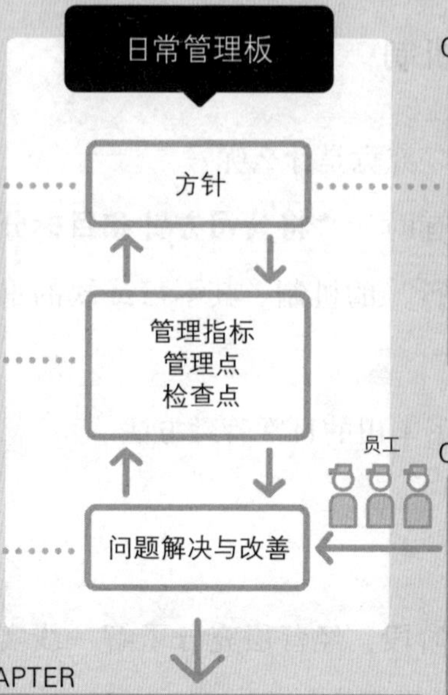

CHAPTER 6
方针管理
〈应用篇〉
通过方针管理，实现差异化

在日常管理板中，方针管理工作尤为重要，揭秘丰田的问题解决方法和诀窍

→ 186页

CHAPTER 5
运用
日常管理板的应用秘诀

让现场充分应用日常管理板的要点

→ 140页

CHAPTER 2
目的
职场大变样！
日常管理板的5大好处

运用日常管理板后，将发生什么变化？
揭秘其具体好处

→ 038页

LECTURE 1

丰田所理解的“日常管理”是什么？

建立助力实现目标的最强机制

丰田所理解的“日常管理”究竟是什么呢？

直截了当地说，就是建立有助于**“将公司方针和目标分解成现场日常工作，并高效执行”**的机制。其不可或缺的重要工具，就是“日常管理板”。

首先，让我们具体了解一下丰田的日常管理方法。

①确立并明示公司方针

这是一切的开始。在这个阶段，经营层充分了解一线实态至关重要。在此基础上，设定公司方针。

②确立并共享团队方针

然后，公司将方针下达至各个部门和科室。各部门、科室的管理者一边与领导、下属讨论如何达成公司方针，一边结合本部门、本科室的职责与现状，制订各自的团队方针。

例如，公司方针如果是“今年为品质重视年”，那么管理者需要结合本部门现状，思考“如何提升品质”。如果“已制订预防问题再次发生的对策，但执行不到位”，那么，团队目标可以是“今年要彻底执行预防问题再次发生的对策”。就这样，越往下走，团队方针越具体。

③设定管理指标，通过两个循环推进改善

确立了团队方针和目标之后，为实现团队目标，需要设定“管理指标”。

管理指标是客观标准，“确定监测对象后，每日记录数据，**当该数据达到一定水平后，即可判断达成方针和目标**”。

例如，如果目标是“工伤事故为零”，那么管理指标可以是“医务室的就医人数”和“医药用品使用量”等，然后不断努力将指标数值拉近零。

毋庸置疑，单靠小心注意，管理指标并不会自动变好，还需同步实施改善，预防工伤事故的发生。应结合团队全员的力量，分析“何时、何处、何种事故较多”，找出问题点，

施以改善，各个击破。

换言之，**管理指标应设定两种循环，一是基于客观标准，跟踪并管理“达成方针和目标”的循环；二是集全员之力解决问题的循环**。

在下图中，①为上层循环，②为下层循环。

这样将公司方针分解为现场具体课题之后，接下来只需执行。然后，**自下而上，连锁反应，实现一个良性循环**——通过改善解决了问题，就达成了管理指标➡达成了管理指标，就实现了团队方针➡实现了团队方针，就实现了公司方针➡其结果自然是为公司创造利润。这就是丰田日常管理板的思路。

而一目了然地将这套机制与流程汇总到一张板上的方法，就是“日常管理板”。

丰田“日常管理”的内容是什么?

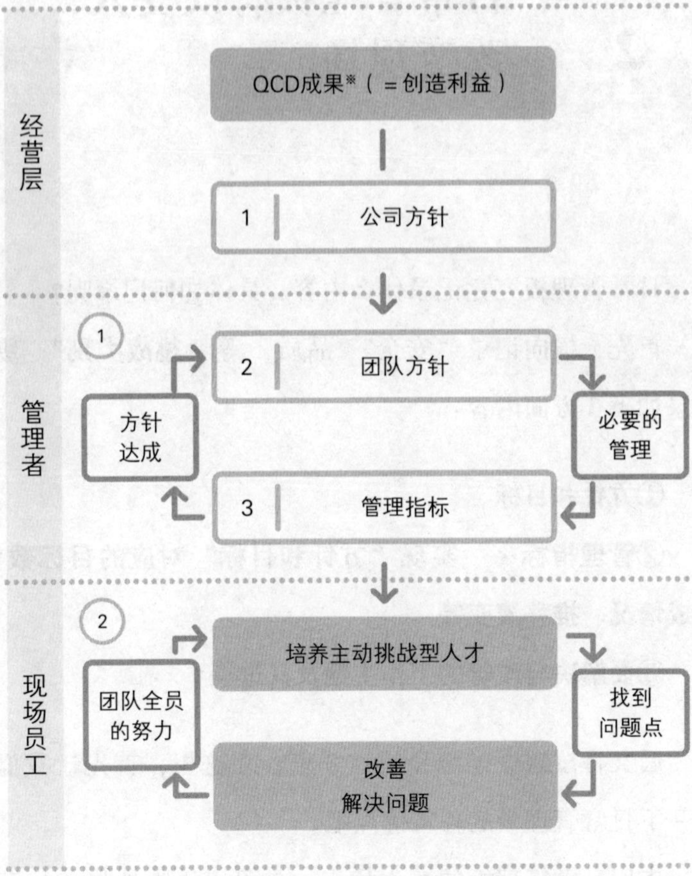

※QCD：生产管理的主要因素，Quality（品质），Cost（成本），Delivery（交期）。

LECTURE

2

日常管理板将改变人，改变现场

日常管理板究竟记录什么内容，具体如何记录呢？

首先，横向记录“安全”“品质”等“**挑战类别**”。纵向记录如下3方面内容：

①方针和目标

②管理指标……实现“方针和目标”对应的目标数值、达成情况、推移演变等

③要解决与改善的工作主题及其进展

后文将按顺序详细介绍这3点。在这里，首先让我们观察一下日常管理板的独特优点吧。

丰田日常管理板的最大优点，是可以清晰地将“经营层的目标”与“现场的工作”衔接起来。

使用日常管理板之后，现场将发生什么变化呢？

日常管理板的构成与要点

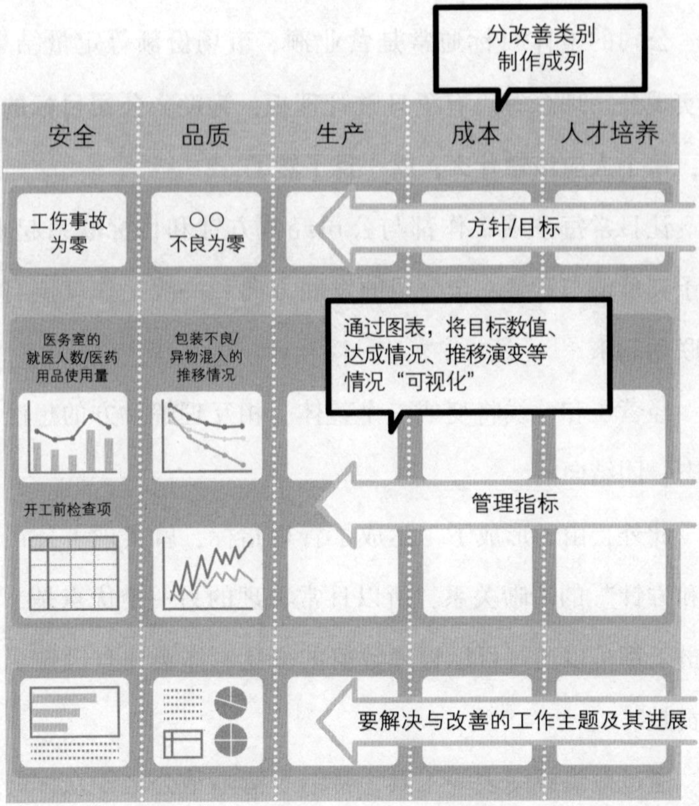

形成一个整体，现场士气高涨

公司的整体目标通常是营业额、市场份额等定量结果，或实现公司理念等。有了日常管理板，**为助力公司目标的实现，每个人应该做什么，就一目了然了**。

让日常每一项工作都与公司经营方针和目标联系起来，赋予其价值与意义，全公司的发展方向和一线工作就能有机地联动起来。

经营层和一线将变成一个整体，相互理解对方的想法和实态，团结向前。

此外，由于形成了"达成了管理指标，就实现了公司目标和方针"的清晰关系，所以日常管理的另一个优点是，每位员工都可以通过目标管理数值的变化，体会到自己做了多少贡献。

通过数值或图表等工具，将结果清晰地公之于众，员工可以实实在在地看到自己的奋斗成果，有利于获得成就感。

通过两种目标线，确认现状

如第 020 页的图，**日常管理板的管理指标图中有一条"虚**

线”。这是应实现的目标，展示了工作应该达到的“标准”。

图 1 的折线是“随时间不断降低”的曲线，目标值不断变小，直到为零。通过一段时间的努力向实现目标发起挑战时，使用这种类型的目标线。因为要不断评价“目前达到了什么程度”，所以用斜线描绘目标。

与此相对，当展示“每天都应该控制到某一数字水平的目标”时，采用图 2 这种水平目标线。

无论哪种目标线，**都对比标准，“可视化”地展示了当前水平是否正常，便于发现问题**。

其中应注意逐渐向好，但还有问题的情况。例如，虽然数据在顺利变好，但还未达成目标，或可能达不到目标的情况。这时，需要增加对策，通过再次寻找真因等做法，挑战目标的实现。

通过“目标线”，“可视化”地展示当下是否正常

1 斜线目标线

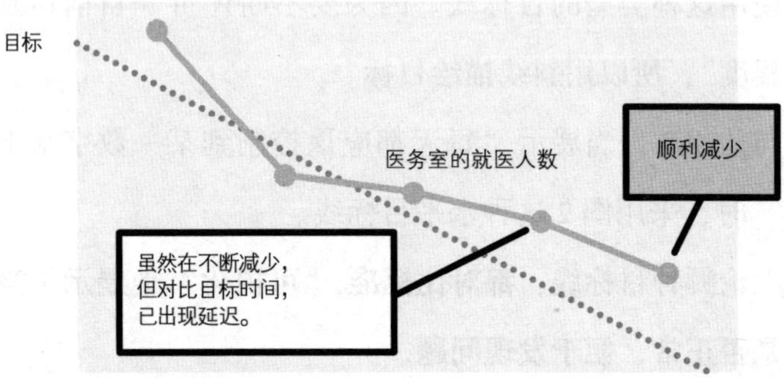

2 水平目标线

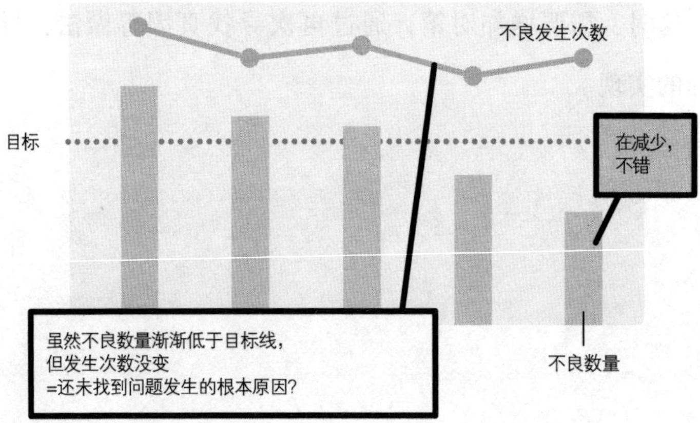

强化积极改善的“主动性”

记录不良发生次数等数据的工作本身，也意义重大。

发生问题后，不特别记录，只要能够立即解决、恢复正常的话，似乎看起来也没什么问题。但是，如果不留存记录，人们可能会忘掉，然后问题再次发生。甚至即使问题反复出现，也不会把它视为“问题”，意识不到需要改善。

通过日常管理，检查并记录问题的发生次数，会发现“那一现象反复发生”，虽然每次处理只需要 5~6 分钟，但“1 天发生了 5 次，所以每天要花费将近 30 分钟处理这个问题”。

最终，团队成员会认识到问题的严重性，提升改善意识。

每天都要进行记录。画一条目标线，清晰地把握现状与“目标”的差距。这样就会发现问题，知晓改善的必要性了，从而积极认同改善。

LECTURE 3

将团队凝聚的“沟通宝地”

日常管理板的 6 个应用步骤

应用丰田的日常管理板，基本有如下 6 个步骤。

①建立承接公司方针的团队方针与目标

②决定①对应的管理指标（目标达成对应的数值目标）

③为了达成②，实施改善活动

④每日监控管理指标的数值变化

⑤实施③④之后，对有效改善推行“标准化”

⑥每日检查是否符合⑤，维持工作质量

其中，在管理者应发挥的职责中，最重要的是：

①建立承接公司方针的团队方针与目标

即基于公司方针，设定与团队课题相符的目标，创造一个促进员工主动挑战目标的流程。

首先，将部门和管理职的工作职责“可视化”

实施①，首先，管理者需要明确部门和管理职的职责。

然后，建立与工作职责相吻合的目标，每日为之努力，遇到课题就解决，不断向目标靠近。

明确展示部门和管理职的工作职责，告诉大家做什么是对的，是工作的第一步。简而言之，就是将“应尽之责”“可视化”。

含糊不清的话，团队成员将迷失奋斗方向，无法成为一支积极主动的团队。

日常管理板强化团队力量

管理者的负面行为之一，是一时兴起，想到哪儿说到哪儿，忘了以前对团队说过什么，说些前后不一致的话，导致大家不知该怎么做。

还有一种情况，管理者以为自己前后一致，但由于具体情况、事情的前后关系，以及说话方式等问题，员工们将其理解成其他意思。

为避免这些情况，**清晰展示固定方针，在此基础上，反复强调部门和管理职的职责——“什么工作状态才是对的”，十分重要**。

而明示之地，就是日常管理板。

一开始便对工作职责了然于胸，利于员工们努力工作。而且，做出成果后，管理者得到了表扬员工的机会，员工们会觉得“被认可，很开心”，从而建立起健康的团队关系。

反过来，员工如果觉得“我明明努力了，却得不到应有的评价”，将失去工作热情。团队没有工作热情，管理者把工作交给不清楚工作方向的员工，不可能得到期待的工作效果。如果没有得到期待的结果，管理者会给员工打出差评。这就陷入了恶性循环。

日常管理板能够纠正管理者和员工的理解偏差，制造“表扬”和“被认可”的机会。

此外，日常管理板还有助于表明管理者的评价标准，告知员工应该做什么。

有助于管理者了解团队职责与目标，知晓员工为了目标而努力的日常工作。也有助于员工间互相了解对方的工作情况，提升团队力量。

这块沟通宝地和工作路标，就是丰田的日常管理板。

日常管理板成为“沟通宝地”

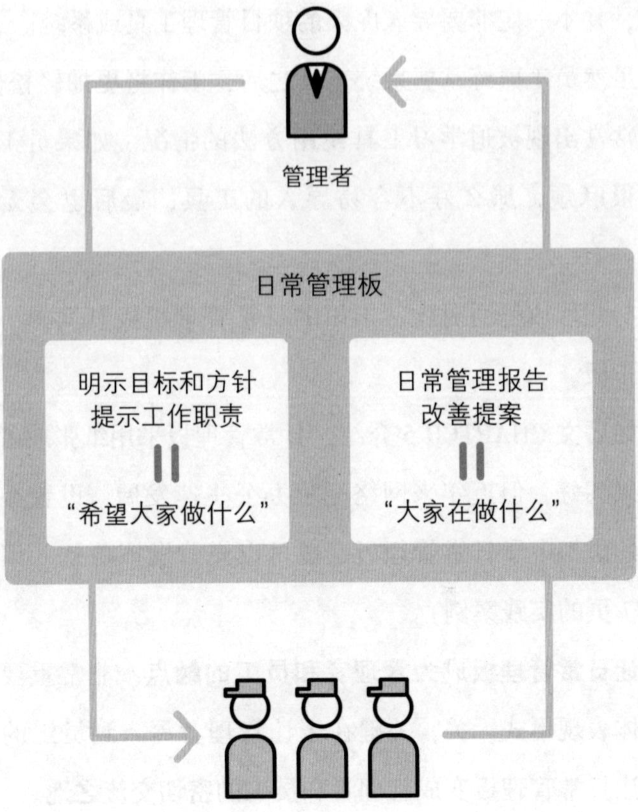

小小 1 张板，改变整个团队

办公室工作的主体是人，而非设备或系统。增强团队的力量，并不一定非要导入庞大的项目管理工具或系统。

虽然员工熟练掌握系统工具之后，工作将更加轻松便利，但却常常出现被迫学习工具使用方法的情况。如果员工觉得学习很麻烦，那么好不容易导入的工具，最后也会无人问津吧。

与此形成鲜明对比，丰田的日常管理板极其简单，只需要 1 张板。

如后文 CHAPTER 5 介绍，日常管理板采用纸张或者白板的效果甚好，但近年来网络远程办公飞速发展，设置在共享云中的虚拟电子日常管理板，也可以充分发挥功效（请参考第 177 页的实践案例）。

让日常管理板成为管理者和员工的触点，非常重要。这与具体表现形式无关，关键在于让管理者深入到员工的工作中，让日常管理板变成管理者和员工的**密切交流之地**。

LECTURE 4 管理者和员工的工作都更轻松了

日常管理板是如何诞生的？

在身为管理者的读者朋友中，也许不乏对日常管理板持质疑声音之人，例如“不愿意每天检查员工的工作，增加多余的工作”，或认为“员工们会因管理变严，而心生反感”。

然而，众多培训老师异口同声地说过，**“日常管理板是为了让工作更轻松”**。

长年任职于丰田堤工厂，负责设备保全工作的资深培训员——大岛弘向我们介绍了丰田日常管理板的诞生经过。

“成为丰田的管理者，第一步是成为‘班长’——从10年司龄的员工中选拔。班长作为现场的指挥者，拥有不到10人的部下（2000年左右的标准）。

“然后是管理数位班长的‘组长’。原本组长作为现场的领导，是个人人生羡的管理职位。然而在当时，尽管是个监督管理职，但迫于现场严格的生产管理，组长也无法摆脱现场作业，成为一个负担繁重的职位。

“甚至一度出现忌惮做组长的风潮，导致改善工作停滞不前，现场渐渐变成一个不堪一击的‘脆弱的团队’。”

对此备感危机的丰田公司开始了“组长工作方式改革项目”。

“团结一致，努力创建一个让组长专注管理的环境。

“此前，可以说‘有问题就找组长’，什么问题都会跑到组长那里去，处理现场问题的请求应接不暇。改革之后，现场管理分散到每位员工手中，减轻了组长的负担。通过制作丰田日常管理板的原型——管理板，明确了每位员工应该做什么工作。

“通过这种办法，形成了员工长期持续挑战目标的工作形态，并且能够评价每位员工的工作过程。员工们更容易开展工作了，主动改善的案例不断涌现，那个‘强大的团队’又回来了。”

日常管理帮助管理者摆脱困境

生驹正一是一位从在丰田任职时就一直从事“人才培

养”的培训老师。生驹老师不仅在国内，还曾在海外工厂多次指导 TPS（丰田生产方式），并作为衣浦工厂的人才培养团队的科长，负责不同层级的人才培养工作。

生驹老师向我们介绍了一个案例——在他提供咨询服务的某客户公司，被繁忙的工作压垮了身体的一位管理者因日常管理板，恢复了健康，成功重返职场。

“在那家公司，只有员工本人才知道自己的工作计划，没有建立各自负责、严守日程、挑战目标的工作方式。

“因此，每每临近截止日期，员工们才发现工作出现延迟，作为管理者的科长也不得不加入现场奋斗的行列，努力赶任务。

“然而，因持续高负荷工作，那位科长身心俱疲，不得不停职休养。

“**科长的工作，并非变身现场操作员，带领大家工作**。

“将工作分配给员工，管理大家完成工作，才是作为管理者的科长的职责。

“于是，我们应用日常管理板，让大家知道‘为了完成自己的工作，当下必须做什么’，形成了一个全员相互提醒的机制。

“如果有人的工作出现延迟，同事发现后，会指出问题提醒他，或提出建议，帮助他解决。

“就这样，员工们可以在截止日期前完成工作，科长也可以集中精力到本职的管理工作中了。不久后，科长的心理负担减轻了，身体也开始慢慢恢复，最后成功回归职场。”

同样利于减轻员工的心理负担

应用日常管理板，减轻心理负担的受益者不只有管理者。明确了“谁应该做什么”，员工们也可以减轻心理压力。

而且，员工们知道了成功完成管理指标，就会获得认可。换言之，有了日常管理板，大家就知道了“做什么会被表扬”，便知道往哪儿发力了。

“有了应完成的管理指标，就决定了每天为此应做什么。毋庸置疑，大家会倾尽全力。但如果完成了管理指标，依旧没实现团队方针和目标的话，最终会问责管理者，例如‘管理者设定的管理指标是否正确’‘管理者是否充分发挥了自己的职责，监督员工做好工作’等。

“换言之，员工们可以放心地努力工作了。”（生驹）

管理者工作的重中之重是什么？

对于管理者而言，深入现场了解“现场发生了什么”固然重要，但是，管理者的第一要务是“管理”，而非挥汗如雨地赶任务。

然而，就像刚才举的例子，为弥补员工失误或追赶进度，管理者参与实际业务的情况，在办公室工作中也屡见不鲜吧？

当然，出现紧急情况，不得不做的情况是无法避免的。但如果频繁发生，或已成为常态，导致管理业务停滞不前，管理者无暇顾及其他员工的话，就得不偿失了。

日常管理板不仅要让管理者更轻松，最终还要让员工们的工作更容易。

日常管理板让工作更轻松

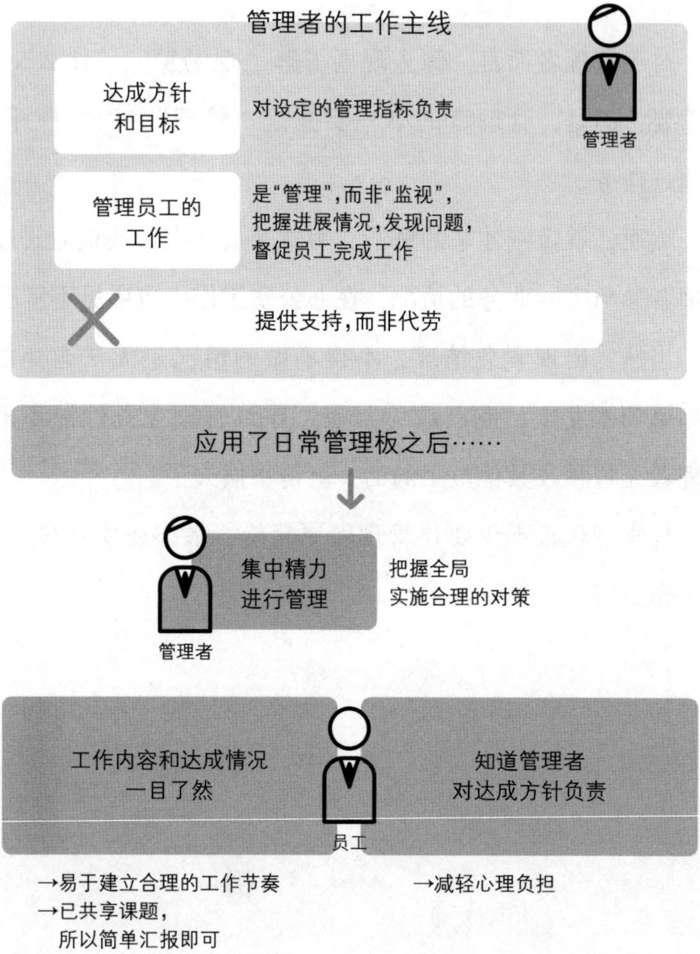

LECTURE 5 变成尊重每位员工、发挥全员力量的团队

献出“人生的黄金时间”

读到这里，也许仍然有人认为丰田的日常管理太过严格。

我想应该有人听过形容丰田公司不厌其烦地要求现场改善的一句话——“干毛巾也要再拧一拧的就是丰田”。

然而，**丰田方式的根本是“尊重人性”。**

OJT Solutions 专务董事森户正和曾在丰田任职 30 余年，在培训和生产管理等部门，培养了包括海外员工在内的大量人才。一段在现场听到的故事，让他至今难以忘怀。

“这是某部门的一位年轻员工导致产出大量问题产品后，发生的一段故事。

“年轻员工的科长匆忙地准备向领导汇报，但早在这之

前，在现场考察的丰田生产方式责任部门的主查（部长级）就发现了这个问题。

“那位领导平素非常严厉，大家都很畏惧他。科长已经准备好被猛批一顿了，然而，那位主查突然流下了眼泪。

“在场的大家都被他的样子惊呆了，就在大家惊愕之际，他语重心长地说‘你这个家伙啊……’。

“‘人生 80 年，大家把 20 岁左右到 60 岁的将近 40 年时间都奉献给了公司。这 40 年，称为人生的黄金时间也不足为过，是闪耀且灿烂的。所以，其中的今天，或者说 1 天 24 小时中在此奋斗的 8 小时，都是极其珍贵的。

“然而，我们却让他把如此珍贵的时间浪费在产出不良产品上，浪费在一文不值的无用之事上，罪孽深重啊。’

“说出这句话之后，他走向那位年轻的员工，说了句‘对不起’，为管理不周向他道歉。”

“改善”是为了创造精彩的人生

曾在丰田担任过两万人技术团队的干事长、培养过大量后辈人才的培训员中山宪雄老师，也说过这样一段话。

“并不是在公司一门心思努力工作就好了。过好业余生活也很重要，例如与家人沟通，或做自己感兴趣的事。‘改善’，其实也是为了这些生活创造时间。

“同时，这些生活体验也会为明天催生活力，带来新想法、新观点。”

中山老师在丰田时，曾长时间负责“人际关系诸活动（HUREAI 活动）”，通过扩大人际圈，不断提升沟通能力和团队力量。

锲而不舍地追求改善、不断提升工作效率的目的，是为员工谋幸福、创造精彩的人生。**管理者应珍惜员工的宝贵时间，尊重人性**。这一理念是丰田日常管理的根本。

对于需要自由发散性思维的办公室工作者们而言，也许有人会认为丰田的管理方法过于严格。但是，**丰田的改善其实是为了丰富创造力**。只要稍微将日常管理机制引入到办公室管理中，也许就能更好地利用员工们的宝贵时间。

而且，正因为办公室工作者需要发散性思维，所以让日常管理板作为全局工作风向标，提示工作方针和职责，引导大家奋斗，才更加重要。

不妨抱着这样的想法，试着实施日常管理吧。

CHAPTER 1

小结

• 日常管理指将公司方针和目标分解成一线具体工作，并付诸实施的机制。现场自下而上实施改善，会产生连锁效应，最终为公司创造利润。

• 通过日常管理板，明确“现场的职责”，了解奋斗的方向。最终，员工可以切实地看到自己的奋斗成果，提高工作积极性。

• 日常管理板是加强管理者和员工的沟通的宝地。大家可以集中精力做本职工作，管理者和员工的工作更轻松了，精神负担也减轻了。

• 丰田改善的根本理念是“尊重员工的人性”。

本章将介绍运用日常管理板之后，具体有何收获。

CHAPTER 2

目的 职场大变样！日常管理板的5大好处

CHAPTER 3 制作方法
交出成果！日常管理板的制作方法

设定合理的团队方针和目标的方法是什么？
行之有效的“管理指标”的制作方法是什么？

→064页

CHAPTER 4 活用术
不断“改善”！丰田的日常管理术

灵活应用“7个浪费”和“解决问题的8个步骤”，最大限度地发挥日常管理板的功效

→100页

随着远程网络办公的发展，无法面对面交流的情况不断增加。这要求管理者做好现场管理，防止员工迷失方向。让我们通过日常管理板，在团队中共享及时发现的现场变化与问题，建立改善的能力。

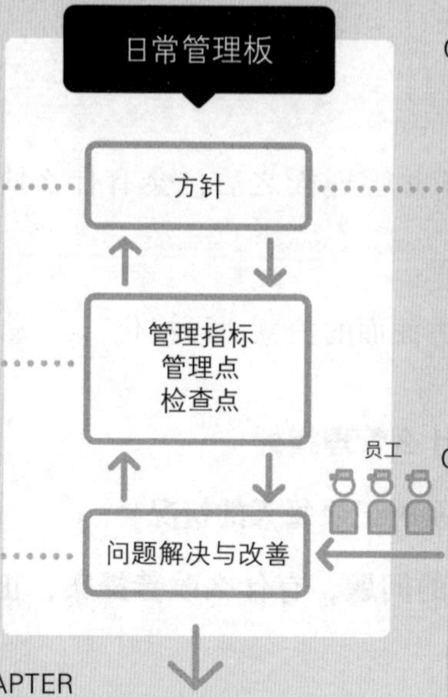

LECTURE 1 将实际情况“可视化”，解决问题

曝光隐藏的工作

接下来让我们看看应用日常管理板之后，会有什么收获吧。

日常管理板可以将如下方方面面的信息“可视化”。

①有什么方针，需要实现什么管理指标

②现在的目标完成情况（及时记录每天的情况）

③为了解决阻碍目标实现的问题，有什么改善提案，正实施什么改善

④那些有利于目标达成的高效工作，是否切实得以实施（各担当人员实施必要的检查工作）

换言之，**了解“当下团队的工作重点是什么，具体情况**

如何”，员工以天为单位回顾反思，管理者实施跟踪管理，可以尽早了解工作进展，发现问题。

关键在于如何准确地将现状“可视化”。可视化工作做得越好，越容易解决问题。

此外，例如将获取的数据制作成图表，为了方便发现问题，努力让现状一目了然，也很重要。

接下来，让我们将目光转向大家的办公室吧。

在办公室工作中，很多任务会交给员工个人酌情处理。担任管理者的读者朋友们，你们每天充分了解员工的工作内容，以及每项工作具体花了多少时间吗？即使是同一部门，相同岗位，互不了解邻座同事在做什么的情况，也比比皆是。

可以说，“工作内容和进展交与个人掌控”的情况，已成为办公室中的工作常态。

而将工作状态“可视化”展示出来的工具，就是日常管理板。

日常管理板也叫作“可视化展板”。顾名思义，就是把握工作情况，并将其可视化地展示出来的展板。

其实从几点到几点做了什么工作，具体都干了什么，常常连员工本人都不清楚。被各种工作支配，一眨眼一天就过去了，感叹着“怎么都到这个点儿了！”的经历，应该人人都有过吧。

在超出我们预想时间的工作中，应该潜藏着很多无效时间。尤其是在工作由个人推进的办公室部门中，哪怕管理者等第三者稍微介入，就能发现很多可以改善的问题。

工作中存在以前没有发现的问题，或员工隐约发现但装作没看到的问题。**日常管理板的作用就是将工作目的、全貌、课题等“可视化”，然后设定为工作主题，施以改善**。

在办公室工作中也一样，把每个问题的改善措施落实到具体工作流程中，加以固化，就可以避免无效和低效工作，提升团队全员的工作质量。

网络远程办公时代不可或缺的团队管理要点

随着错峰上班、父亲参与育儿活动、在家疗养、新冠肺炎疫情防控等各种社会形势的变化，上班方式也发生了天翻地覆的变化，网络远程办公进一步发展。不能与员工面对面交流，更加要求管理者们建立一套成熟的现场管理办法。

具体来说，CHAPTER 1 中曾介绍，管理者和员工之间需明确展示“希望对方做什么”和“必须做什么”。

在远程办公时代，更容易陷入工作由“个人掌控”的状态。正因如此，建立一套行之有效的工作办法变得十分重要，即应用日常管理板，全员间共享公司方针、目标和管理指标，改善每个人工作中隐藏的浪费，将改善方法固化和普及开来，最终提升整体业绩。

LECTURE 2

并用“5why 分析”，培育人才

最强大的是拥有解决问题能力的团队

曾在丰田工厂总装科任职近 30 年的培训员——森川泰博老师认为，在现场，日常管理板的作用是“将现状可视化”，并强调**在实际解决问题时，管理者的介入必不可少**。

“团队员工每天在日常管理板上记录当天的工作。这样虽然会帮助员工养成回顾反思的习惯，但不过是一张‘记录板’而已，并不能解决实际问题。

“通常来说，员工靠一己之力，很难找到问题发生的真正原因。

“此时，**站在日常管理板前，管理者应用‘5why 分析’反复追问，帮助员工思考**，非常重要。”

“5why 分析” 指**针对某一现象，不断追溯发生原因的追问手法**。

例如课题是“年轻销售员的业绩在下滑”。对于这一现象，首先问第一个“为什么”。

这时出现了一个原因——“主要在应对已有客户，没能获取新客户”。但这并不是最后的答案和原因，需要进一步追问“为什么会这样”。

接下来推测到的原因是，“即使拜访新客户，也很难进入到商业谈判，不想浪费时间”这一事实。

然后继续追问“为什么很难进入到商业谈判”，会得到“接触新客户时，没有收集好行业课题等客户的需求”……的回答就这样，不断深挖“为什么”，最后一定能找到问题的根本原因。此根本原因在丰田“解决问题的 8 个步骤”中，叫作“真因”(第 008 页、第 131 页)。详细内容请参阅《丰田的问题解决方法》(KADOKAWA)。

“就这样，反复追问‘为什么’，给员工一个思考问题真因的机会，引导他们找到问题的解决方法。应用‘5why 分析’，不断解决每天遇到的小问题，不久后，员工将可以‘自问自答’，即使没有管理者的介入，也可以自己发现并解决问题。

“就这样，**通过培育主动改善型人才，将收获一个共创佳绩的高价值团队，即‘强大的团队’。**”（森川）

通过“5why分析”找到真因

教授新人“秘诀”

很多办公室职员都是进公司时接受过一次社会人培训之后，就没什么培训机会了。或者即使参加了新技术学习会，也不知道“如何熟练地高效工作”“如何提高工作产出”，全凭自己摸索。

正因如此，**办公室工作才更有使用日常管理板来提升工作效率的空间**。

另外，随着网络远程办公的不断发展，新人的培养将变成一个大难题。必须在鲜少互相接触的工作环境中，让新人成长起来。

人们在学习如何工作时，不只单纯学习业务手册，从上司和前辈的工作风范中，也能学到很多。如果同事间接触的机会逐渐变少，则应该筛选出那些不易发现的工作要点和窍门（丰田称之为“秘诀”），总结成“全员必备技能”。

然后，召集员工一起讨论资深员工们最高效的工作方法，汇总成书面文件。该文件叫作**《作业要领书》**。

让现场全体员工掌握工作要领，而且无论谁做，都可高效高质完成工作，叫作“标准化”。同时，《作业要领书》会成为大家**日常工作应遵守的“标准”。**

通过日常管理板，制作《作业要领书》，有助于高效培训职业生涯尚浅、技术还不熟练的新员工。

汇集“秘诀”的《作业要领书》

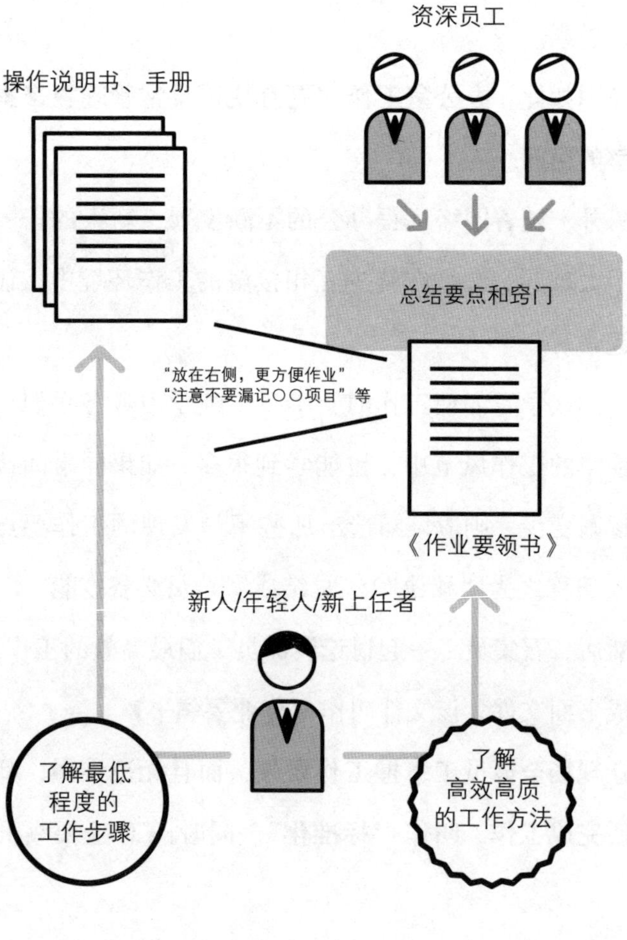

LECTURE 3

迅速处理显现和潜在两类问题

即使发生了问题，也能迅速解决

内田靖雄老师在丰田时隶属于元町工厂总装部，还曾全力支援过海外业务。对于管理过海内外工作现场的内田老师，如果要说一个日常管理板的好处，他会说是“发生问题时，可以尽早处理”。

“为什么会完不成目标或发生问题呢？其实经常是因为没有遵守规则，例如马虎执行规定的工作步骤，或没有实施日常管理检查项等。

“反之，如果每天遵守标准，就能够维持工作质量。

“因此，没有完成目标或者出现异常时，首先应‘通过日常管理板，检查工作是否符合规定。’

“这样有助于尽快处理问题，找到发生问题的原因。”

作业标准有其存在的理由

究竟为什么会出现不遵守规定的情况呢？

曾在丰田堤工厂一直负责制造铸造设备和零件的滨崎浩一郎老师这样说。

“虽然确实有人因为‘守规则很麻烦’‘就算不每天检查日常管理的规定项目，也不会被发现’，而在工作中偷懒。然而更多的人是因为觉得‘比起《作业要领书》(第 047 页) 规定的方法，自己的方法不是更好用吗’，而不遵守规定，不执行日常管理工作。

“但是，看似低效的规定也有存在的原因。例如，从工厂内 A 点移动到 B 点，规定为什么不是走直线，而是绕弯呢？那是为了守护员工的安全，防止大意之失。如果直着走过去，一不小心就会磕碰头部。

“当然，这些作业标准只是‘目前最优’的方法，今后也许会更新，或者变成全新的方法。

“但是，即使改变工作方法，也要建立在理解‘为什么要变’的基础之上。如果规定被忽视，不仅要问责破坏规定的员工，还要问责说明不到位的管理者。”

此外，滨崎老师说只要观察检查表是怎么写的，就可以大概知道负责人是去现场并在设备面前仔细检查了，还是草草了事了。首先，管理者亲自到现场确认“现地现物”是非常重要的，在此同时，平素观察日常管理检查表，也是不可忽视的。

在办公室工作中，常常出现只求好结果，工作过程由员工个人掌控的情况。为保证工作质量，不妨与团队员工一起总结应遵守的工作要点，并督促大家每天检查。

在问题显现之前实施对策

提起导入日常管理板的好处，**除了可以迅速处理已发生的问题——显现化的问题，内田老师还提出了可以“尽早处理潜在问题”的优点**。

仔细观察日常管理中获取的数据，可以在异常发生前，捕捉问题的征兆，在问题显现之前，先发制人。不断收集当下的小异常，可以将可能发生的重大事故防患于未然。

“‘虽然没出事故’，但差点受伤，惊出一身冷汗’，如果这种‘虚惊’事件的报告有所增加，就意味着近期发生工伤事故的可能性在变高。

“此外，如果‘产量和原材料单价不变，但原材料费用却在增加’，就意味着可能发生了很多不良，出现了返工的情况。也许某些小型仪器已出现问题，导致产品品质不稳定。”（内田）

在办公室工作中，主要依靠人的力量开展工作。为预防事故和失误，掌握团队成员的工作状态十分重要。

虽然不是日常管理板中可见的管理对象，但团队成员们常常通过与管理者的日常交流，例如“明明只需要回复一句‘收到’的邮件，却比以往回复得慢”，或“出错的频率高了”等，发送出“任务过多”或“虚惊事件”的信号。

试着关注“回复邮件的时间间隔”“资料出错次数”等客观事实吧，而非“累不累”“状态好吗”这些主观答案。或许会发现员工自己都没注意到的潜在问题，从而预防重大问题的发生。

通过日常管理，发现显现和潜在两类问题

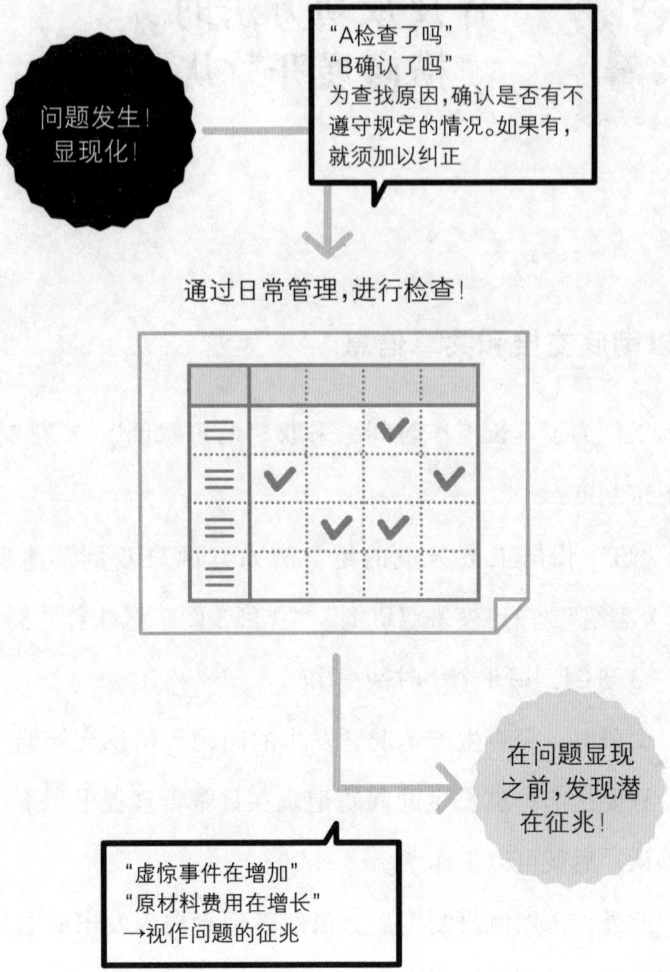

LECTURE 4

普及成功方法的“横向展开”从此开始

可以彻底交接和共享信息

工厂为了延长工作时间，采取“两班双倒”“3 班 3 倒”等上班制度。

“班”指员工被分成的组。例如“两班双倒”意味着“两个小组”“白班夜班双班倒”。“3 班 3 倒”意味着“3 个小组”“3 班倒，每 8 个小时倒一次”。

交班时，需将生产情况、发生的问题等信息交接给下一班。只要把前一班发生的问题记录在日常管理板上，下一班在确认之后就可以工作了。

此外，采取倒班制度后，虽然管理者白天发出的联络事项无法直接传递给夜班团队，但只要记录在日常管理板中，就可以毫无遗漏地将信息共享出去。

在临时员工较多的零售和餐饮等行业中，交班管理时需特别注意联络沟通。在其他行业中，随着网络远程办公的发展，采用交替上班制度的企业不断增加，彻底交接、共享、转达信息的必要性也随之提升。

在各种各样的行业和工作中，日常管理板可以成为管理者向员工、员工向员工，以及员工向管理者实时传递信息的工具。

广泛传播改善诀窍的“横向展开”得以实现

结合方针和目标，设定管理指标，为达成管理指标，全体人员不断实施改善。员工每天回顾并反思自己的工作，管理者进行跟踪管理，不断提升工作质量。

日常管理板可以实现的“沟通”，不止于此。

通常，日常管理板会醒目地张贴在员工必经之地的墙壁上。所以，其他团队的同事也可以自由观看。

日常管理板是“改善素材”的宝库。外部门的同事也能看到，大家会纷纷想“自己也试试这个法子”，从而促进公司内部形成广泛实践之风。

在丰田，这种想法或做法的扩散叫作“横向展开”，一

般简称为“横展”。

除此之外，还有其他原因促进横展不断出现。

顺利开展改善工作的团队提升了工作效率，交出了好成绩，大家逐渐感受到改善的意义，形成了“多多改善”的工作氛围。而这种高涨的工作氛围会感染其他部门，让横展之风进一步扩散。

LECTURE 5 做好引导团队走向成功的“3个准备”

日常管理板可以做好 3 个准备

最后，笔者想介绍的应用日常管理板的好处是，管理者可以“未雨绸缪”。

具体有如下 3 点。

①轻松制作报告
②培育后备王牌
③通过“多能工化”，建立随机应变的团队

接下来一项一项进行介绍。

①轻松制作报告

管理者除了面对团队员工，做好“管理运营团队”的工作，还必须面对上司，“随时报告团队的工作情况”。

曾在丰田高冈工厂和田原工厂负责涂装业务的广利昭老师说，**日常管理板对这两类工作都有帮助**。

首先，作为管理者和员工之间的沟通工具，日常管理板有助于管理者“立即了解现场情况”。其次，日常管理板还可以作为报告工具，使得“向厂长/部长制作汇报资料时，更轻松容易”。

“我是那种很不喜欢加班的人。虽然向董事和厂长等领导汇报工作是必需的，但我不喜欢加班制作或修改报告。

“那时日常管理板还没在公司里普及，于是，我制作了与日常管理板类似的‘科室方针板’。

“在方针管理板上记录各个现场的日常管理信息，每天进行更新，及时展示当下的状态。通过‘科室方针板’，结合上层方针的分解目标，对日常管理信息进行一元化管理。

“由于不断整理和积累了符合工作方针的日常工作数据，所以即使领导突击检查，只需要重新准备少量的必要资料就可以了，不必再经常强迫员工加班。拜管理板所赐，汇报工作变得轻松了。”

制作报告，通常需要从收集资料开始，但重新挖掘数据，整理过去的情况，是很麻烦的。

有了日常管理板之后，符合工作方针的日常管理数据早已确定，可以快速收集到需要的数据。

在分析现场方面，如果每日检查日常管理数据，观察是否存在潜在问题的话，那么在制作报告时，便无须重新思考了。

从零制作报告，往往需要大量时间来收集和分析数据，有了日常管理板，就可以省去这些基础的准备工作了。

②培育后备王牌

从未雨绸缪这一角度，提出“可以培育后备王牌”这一优点的是内田老师。

“丰田建立新工厂时，会抽调各工厂的顶尖人才，所以，靠顶尖人才才能顺利运转的团队在人才被抽调后，战斗力将直线下降。

“因此，培育随时可接替顶尖人才的‘后备王牌’，是非常重要的。”

在办公室工作中也一样，公司启动跨部门大型项目之际，常常领导一声号召，优秀人才就会跟过去。此外，优秀人才自立门户、被挖走、跳槽到其他新兴行业中的情况也屡见不鲜。从某种意义上来说，“优秀人才离开”是必然的，我们应做好优秀人才随时可能突然离开的心理准备。

因此，为了能够立刻填补人才缺口，培育“后备王牌”，也是管理者应做的准备工作之一。

作为现场指挥者的顶尖人才需要具备什么技能？正如前文所示，明确指挥者的职责和任务，是应用日常管理板的开始。

③通过“多能工化”，建立随机应变的团队

丰田将培养胜任多项工作的人才，称为“多能工化”。实现多能工化之后，一个员工能够胜任多项工作，所以在团队内部调整工作分工时，会变得更加顺利。

一位培训老师告诉我们，他在丰田担任科长时，**通过将所持技能“可视化”，成功提升了员工们的工作热情**。

首先，他在会议室的墙壁（4~5 张胶合板大小的空间）上张贴了科室全员的照片，并在每张照片旁边，标明员工所属部门和所拥有的技能等信息。如果有员工获得了技能表彰，也会将表彰奖状贴在旁边。就这样，每个人作为个体被注意

和表彰的机会增多了，工作干劲也随之提升了起来。

这种方式刺激了大家“进一步提升能力，担任更多工作，获得更多肯定”的心理，提升了竞争意识，推动了多能工化的发展。

此外，如果在日常管理板旁张贴改善活动小组的成员名单，会刺激大家挑战日常管理板上展示的目标。取得了惊人的改善成果后，大家的自豪之情会油然而生。反之，如果一直做不出成绩，大家会觉得“再这样下去，很没面子”，从而奋发向前。

而且，以团队为单位实行改善时，这种方法可以帮助了解最后的成果出自何种技能的人才组合，从而为其他团队提供参考价值。

组建新团队时亦然，如果已知“谁具备何种技能”，就可以组建一支最佳团队。被选中的队员知道自己被认可的技能，了解“团队期待他做什么”，从而更容易开展工作。同时，如果自己擅长的工作和技能被领导认可，就会被赋予重任，所以员工们可以更加高效、愉快地工作。

CHAPTER 2

小结

• 应用日常管理板主要有 5 大好处。

①将工作实际情况“可视化”，有利于解决问题

②通过推行“标准化”，培养人才，培训新人

③迅速处理显现的和潜在的两类问题

④共享信息，横向展开

⑤管理者可以未雨绸缪

• 在办公室工作中，工作进展常常由个人掌控。正因如此，如能活用日常管理板，管理者深入到大家的工作中，将很容易获得改善成效。

本章将介绍“日常管理板的制作方法”中的“团队方针和目标的设定方法”，以及“管理指标的制作方法”。

CHAPTER 3

制作方法
交出成果！
日常管理板的制作方法

关于如何贯彻公司方针，我们在CHAPTER 6进行论述。本章思考如何依靠管理者自身之力，设定有利于公司发展的团队方针和目标。同时，在管理指标方面，本章将介绍助力目标达成的“管理点”和“检查点”的寻找方法，以及如何设定合理的目标数值。

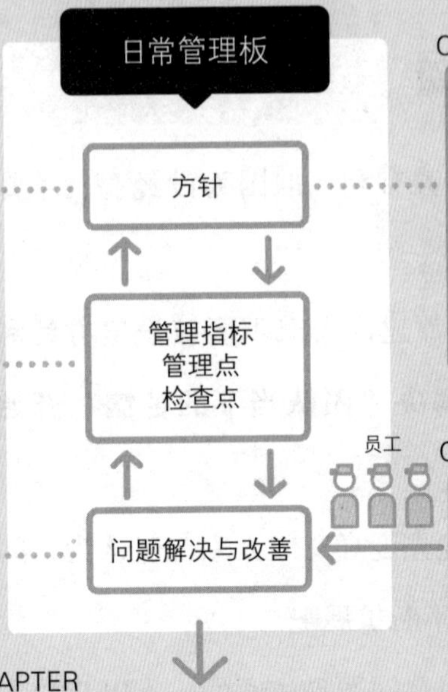

LECTURE 1

先从“苦恼之事”做起

从小事做起，再一点点升级

有人曾来咨询“我知道改善有利，但因为没经验，不知道该设定什么方针和目标……”。

出现这种情况时，生驹老师建议大家**不要被设定方针和目标困住了手脚，应首先从解决“团队当下的苦恼”开始做起**。

“不必拘泥于形式。选择优先度高，或大家普遍认为是问题的课题着手，做好之后，再不断扩展吧。

“其实在看不见的底层，很多问题是相通的，所以我们实际提供咨询时，会先从很具体的问题开始做起。甚至常常听到客户公司的经营领导说‘就只有这些吗？再多做一点吧’(笑)。

“几个月后，工作开始回归正轨、工作现场发生变化之后，其他问题也会自然随之向好。而且，员工们掌握了解决问题的方法，改善活动不断涌现。不妨做好这些之后，再挑战理想的工作方式——‘结合公司整体方针，设定管理指标，通过改善，实现目标’。

“应用日常管理板，一开始‘牙齿不全’也没关系。结合现场的情况和发展方向，不断升级就好了。”

设定方针和目标也一样，最开始粗略一点也没关系，例如：如果是生产一线，就要求“提高生产效率”；如果是销售部，就要求“提高销售额”等。

因为，在“提高生产效率”的方针和目标下，观察自己的团队，可以发现诸如“设备频繁停止”“原材料仓库离得太远”“有时临时工人手不足”等具体的苦恼和应改善的问题。

而为了实现“提升销售额”的目标，也许就会发现“没能获取或共享潜在客户的信息”“员工之间的成交数量差别大”“很少有与客户商业谈判的机会”等问题。

以“4M”为线索，发现问题

明明觉得工作进展不顺利，但不知道问题到底出在哪儿，找不到头绪时，从制造业常用的“4M”出发，便能轻松地整理出了。

4M 指以 M 开头的几个反省视角，具体有如下 4 项。

①人（Man） 是否具备工作能力和技能。人手是否充足。

②机器（Machine） 机器设备、电脑或系统是否存在不良。是否有使用不便的问题。

③材料（Material） 原料和进货是否存在问题。收集的信息是否准确可靠。

④方法（Method） 现在的方法是否好用。是否有其他更高效的方法。

通过这些视角筛选出眼下的烦恼和困惑，在团队内表决决定应解决什么问题。

如果能够聚集员工写出问题点，一次收集到多条意见，固然不错，但如果员工们不习惯这么做，这种方法也许很难奏效。

这种情况下，首先，管理者可以先提出自己想到的烦恼和困惑，然后询问队员的意见。以自己的想法作为讨论的基础，也许可以收到不同角度的意见，有很多发现。

此外，如果队员们的意见被采纳，哪怕只有一部分，一旦被设定为工作方针和目标，或改善工作的挑战主题，从心理角度出发，他们定会积极参与，担起责任。

正如前文所示，日常管理的重点是**“充分管理现场的日常工作过程，对发现的问题施以改善，提升工作质量，势必达成管理指标”。**

在这个过程中，只要管理者与员工积极沟通，参与到每天的改善工作中去，无论采取什么形式，都一定能获得日常管理板的效果。

LECTURE 2

从“5个使命”出发，制订目标

何为“5 大管理”？

寻找团队方针和目标，还有一个方法是从“5 大管理”出发，最终聚焦到目标。

5 大管理是丰田的现场管理监督人员在现场管理中，必须贯彻的如下 5 个使命。

①安全 打造安全便利的工作环境

②品质 不产出不良产品

③生产 遵守交期计划，短时间内生产出所需数量

④成本 尽量降低生产成本

⑤人才培养 培养优秀人才

CHAPTER 1 展示的日常管理模型图（第 017 页）中有 5

大项目，正是基于上述 5 个视角设定而成。

这些视角虽然原本是为生产现场而制订的，但在办公室工作中，同样受用。

以财务部门为例，可以按照如下方法，设定部门目标。

①安全 避免长时间加班，注意员工心理健康

②品质 防止票据等文件的填写错误

③生产 从报销申请到支付的流程改善

④成本 推进电子审批，减少打印用纸和粉墨

⑤人才培养 制作财务部门各项业务的《作业要领书》，实施部内培训

但是，并非一定要把 5 大管理项目都设为团队目标，可以从优先级别高或当下的苦恼开始挑战。OJT Solutions 为客户公司提供咨询服务时，也经常从其中的一两项开始做起。

例如，当部门方针和目标为“提升销售额”时，从“生产”角度深挖，就会发现“成交效率低。有必要提升预约和拜访的成交率”，以及“需重点拜访成交潜力大的客户”等改善方向。

从“品质”角度出发进行挖掘的话，也许会发现“与客

户业务谈判的质量低。应使提案资料和销售谈话术更贴合客户需求”等改善主题。

综上所述，管理者可以从5大管理的角度出发，找到部门的方针目标和急需解决的问题。

应用“联动关系”

一开始只挑战5大管理中的一两项也没关系，这是因为**5个项目虽然看似各自独立，但其实相互联动，解决了一个，也会有助于解决其他问题**。

其中一个代表性案例发生在某家点心厂。

点心公司决定将“追求极致品质”作为主力产品——烘烤类点心的工作方针和目标。即尝试高度统一烤制焦痕和形状。

然而，“提升品质”无疑意味着“缩小合格产品的范围”。经营层们纷纷担心：“会不会导致合格品数量减少，生产效率下滑？会不会达不到规定的产量？”

然而，结果恰恰相反。

“追求品质”不仅意味着“挑出不良产品”，还意味着“不产出不良产品，时刻生产符合标准的产品”。

制造业有“直行率”这一概念。它是指生产过程中没有出现不良产品，合格品占整体数量的比率。如果出现不良产品，则不得不返工或重新生产，导致无法完成产量目标。而且，还需要付出额外的时间、原材料以及人力。

简而言之，直行率越差，生产效率越低。反之，提升了生产品质、减少了返工和重新生产的情况，生产效率就会随之提升。

最终，这家厂商坚持“追求极致品质”，**生产效率提升了约15%**。

这种联动关系不只体现在“品质”和“生产”上，5大管理项目全部相互联动。

例如，如果在无法集中精力的环境中工作，因作业失误导致的不良率将会上升。因此，维持安心工作的环境，守护“安全”与守护“品质”也是联动的。

不良率降低了，返工次数减少了，还会有助于尽早达成规定的生产目标，提高“生产”效率。

再进一步，返工减少了，材料费用和人工成本将得到控制，进而削减“成本”。

而促进安全、品质、生产、成本改善的基础，就是“培养”自主改善型“人才”。

综上所述，5 大管理相互联动，所以，不妨首先**思考“在 5 大管理中，什么是首要问题”，然后在此基础上，寻找团队的方针目标和改善主题**。

通过“本工序完结”，守护品质与生产

让我们试着在办公室工作场景中，思考一下品质和生产的联动关系吧。

假如在人手不足时，大量工作接踵而至。此时，发现下属的资料中有些许错误的你，会怎么做呢？“算了，现在也没什么办法”，你是否有被这样的想法诱惑过？

但是，就这样放过失误，应急交上去，如果被上司发现，则会被责令重做。而如果是客户指出这个问题，公司将面临信用危机。

甚至也许正因为是个小问题，而被刻上“那是家连低级失误都无法避免的公司”的烙印。

要想挽回一度失去的信任，需要付出更多精力和时间，岂是重做资料可与之相提并论的。

其实，**每个工作环节都达成应有的品质，与提升生产效**

5大管理的顺序也有意义

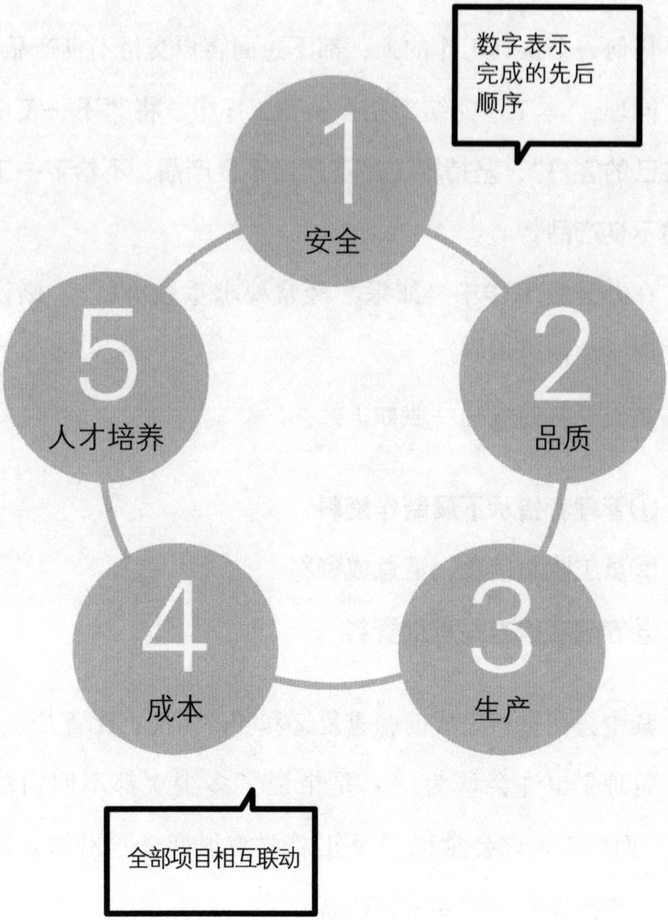

率有着紧密的关系。

这种方法反映在了丰田的**“本工序完结”**中。

“本工序完结”指，各项工序都完美达到品质要求。

任何一个认真工作的人，都不想向客户交付不良产品。

同理，“本工序完结”指在制造工序中，**将“下一工序视为自己的客户”，坚持本工序不产出不良产品，不给下一工序传递不良产品**。

在办公室工作中，如果“经常要求重做资料”，则说明本工序完结做得不好。

制作资料的流程一般如下。

①管理者指示下属制作资料

②员工收集信息，汇总成资料

③管理者检查并审批资料

其中，在资料完成前，重复②和③的情况比比皆是。

管理者也许会认为“真是个说了多少次都不明白的家伙”，而员工也许会觉得“反正总要被退回来，不如先提交出去，再按照领导的要求修改就好了”。

但是，这样会白白浪费双方的时间和精力。首先，**管理**

者应该提前告知“什么样的资料是合格的”。

资料目的、汇报对象、资料大小、表现方式、内容深度等，站在管理者的角度，充分说明资料的制作标准，非常重要。

对于员工而言，理解标准非常关键。理解得还不透彻时，不要开始。必须在问清楚之后，再开始制作。

而且，正因为有了标准，如果交上来的资料不合格，也会有责令修改的依据，员工们也能理解。

杜绝浪费的基本规则

本工序完结是实现“准时化（Just In Time）”——“在必要时间，生产必要数量的必要物品”，尽早向客户交付商品的不可缺少的因素。

在实现了准时化的生产现场中，生产线上没有浪费，只有最低程度的必备生产要素，按照平准化原则，在规定的循环下流水生产，只有最少人数的作业员参与制造。

若向下一工序流出了不良产品，将破坏产线的节奏，打破产量的和谐，导致库存不足或交货延期。

无论在工厂里，还是在办公室中，越是人手不足，越要为了尽快完成繁重的工作，坚持“本工序完结”，充分维护本岗位的品质。

在办公室工作中引入“本工序完结”（例）

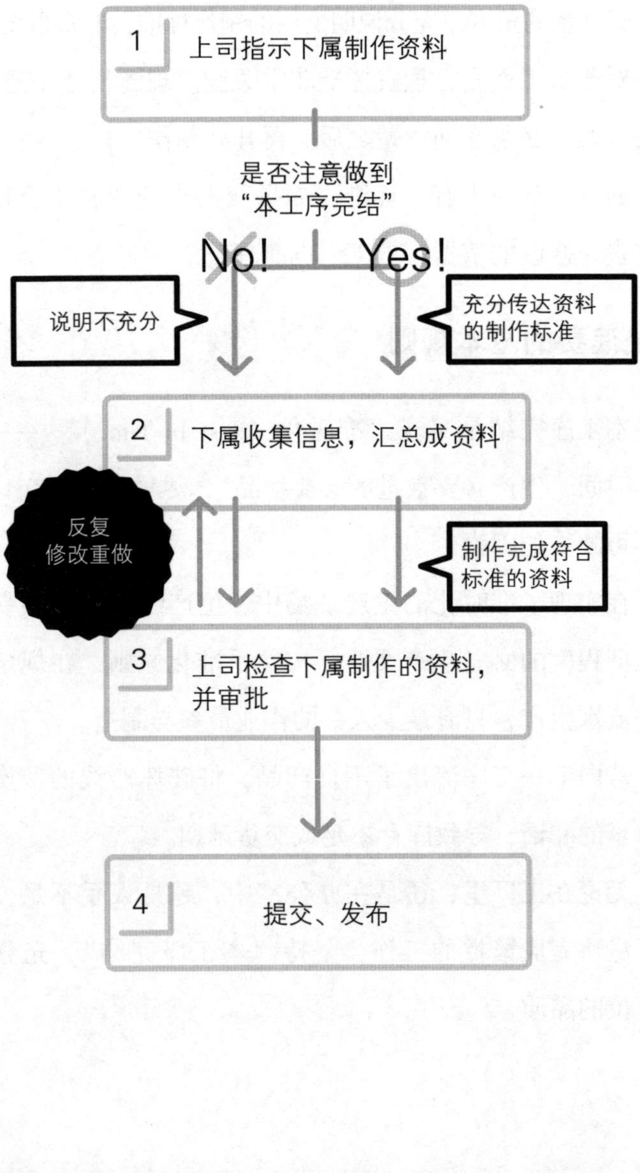

LECTURE
3

从“部门和管理职的职责”开始思考

这样找到【各部门】的课题

CHAPTER 1 曾论述到“管理者应将部门和管理职的工作职责明确告诉团队员工”。

除了“苦恼之事”和“5 大管理”，还可以从“本部门的工作职责”出发，思考部门方针和目标。

即使行业不同，公司不同，也有各部门应完成的普遍性工作职责。接下来，让我们深挖阻碍工作开展的难题，试着思考一下应解决什么问题吧。

案例 1　销售部

①职责

开拓市场，扩大市场份额，挑战销售额最大化。

②课题案例

• 没抓住成交可能性大的高意向客户。

☞是否收集并共享了客户信息。

• 员工之间的成交量差异过大。

☞共享业绩好的员工的工作技巧，实施标准化。检查业绩差的员工的工作情况。

• 畅销产品容易缺货。

☞库存管理方法、发包时间、生产计划等是否合理。

• 丢失销售机会。

☞是否充分掌握了客户需求。对于客户的咨询事项，是否立即进行处理。

案例2　商品开发部、市场营销部、广告部

①职责

快速抓住时代变化，提升产品品牌和企业形象。

②课题案例

• 没有基于客户需求，开发商品。

☞是否定期对现有客户实施问卷调查，对结果进行统计和分析。是否洞悉了新客户的需求。

• 没有掌握现款产品的不良情况和客户抱怨。

☞是否对总部、销售店铺以及客服中心收到的顾客抱怨视若无睹，置之不理。

• SDGs 等公司的努力和挑战是否被大众广泛了解并认可。

☞是否应用了合适的媒体。信息发布时机是否正确。

案例 3　总务部

①职责

负责管理备用品、企划和运营公司内部活动等工作，与外部门建立合作关系，促进组织和谐运转。

②课题案例

• 制作向外部门展示的资料的能力不够。

☞是否无须详读，一看资料便知其意。内容是否有数据支撑，具有说服力。

• 备用品管理松懈，有些部门浪费分发的备用品。

☞是否可以制订分发规则。

案例4　财务部

①职责

管理公司内外的现金流和物资流，制作财务结算报告，明确公司经营状态。

②课题案例

• 财务票据的处理失误较多。

☞从票据的接收、录入到保存的过程中，是否有容易引起失误的环节。是否准备了易错科目的物品清单。

• 从报销申请到支付到账，耗时长。

☞是否有可以简化的审批流程。

案例5　人事部

①职责

通过招聘、企划人事制度、健全培训体系等，为“人才”创造可以发挥才能的环境。

②课题案例

- 没有建立校园招聘人才和社会招聘人才的中长期培训计划。

☞是否已准确掌握各需求部门的人才要求和培训方针，制订好学习和培训制度。

- 员工很不满意升职和涨薪制度。

☞是否制订和运用了基于客观指标的人事评价制度。

“没问题”才是最大的问题

如果“苦恼”以人人可见的方式存在，那么直接将其列为课题解决就好了。但问题本身并非一直可见。

“越不知苦恼的人，越没有苦恼。”

留下这句话的是以前丰田公司的副社长，被称为“改善之鬼”的大野耐一。

这句话的意思是“**认为没有问题，才是最大的问题**”，即盲目工作，很难发现存在的问题。

遇到这种情况，可以站在更高的角度，思考“本部门的职责是什么”。这样一来，现在的自己是否履行了应有的职责，为实现更高的理想，应该做些什么，就会自动浮出水面了。

LECTURE 4

通过“管理点”和“检查点”，设定判断标准

寻找与达成情况直接相关的指标

设定了应挑战的工作方针和目标之后，需要设定管理指标。

管理指标是**显示“随着数值的改善，逐渐接近方针和目标”的客观数据**。毋庸置疑，必须找到与方针、目标的达成情况相关联的管理指标。为此，除了理解方针和目标，还需要了解现场的日常工作问题。

在 CHAPTER 1 的日常管理板模型图（第 017 页）中，从左到右有“安全”“品质”等 5 列。在此，我们以其中的“品质”列为例，详细展开解读。

第 1 步 决定达成目标的标准——“管理点”

087 页图是位于日常管理板“品质”列中的“①方针”

→“②管理指标”→“③问题解决与改善”等一系列工作流程。**管理指标分为“管理点”和“检查点”两个阶段**。

按顺序解释一下。

以某工厂为例。

在这间工厂里，首先团队方针定位“在期末 3 月底之前，保持零不良”。然后，管理者与现场员工一起思考“定什么管理指标，更容易达成零不良的目标”。

经调查发现，在不良案件中，“包装不良”“混入异物”等两类不良居多。于是，将改善项目聚焦到这两点，挑战在当期期末前，保持零不良。

“‘包装不良’和‘混入异物’的不良数量的推移”结果，就是判断是否达成方针的直接相关“管理点”。

如果是在办公室工作中，可以将“不良发生次数”具体视为“财务票据输入错误的次数”和“来电投诉数量”等，设定为管理点。

日常管理的流程

1 方针

在期末3月底之前保持零不良

2 管理指标

●“包装不良”“混入异物”的不良数量的推移（月次）

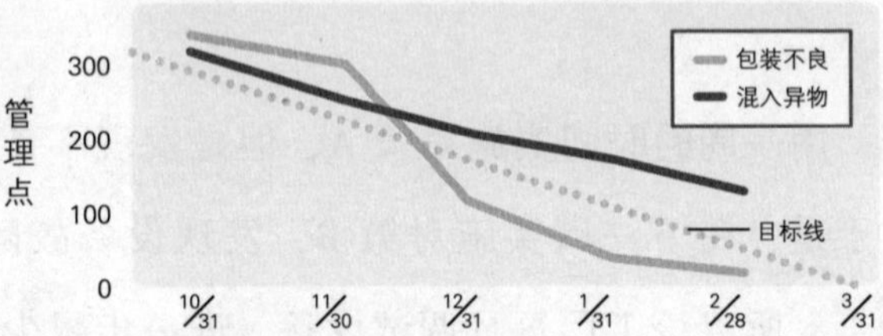

●“设备故障”数量的推移（日次）

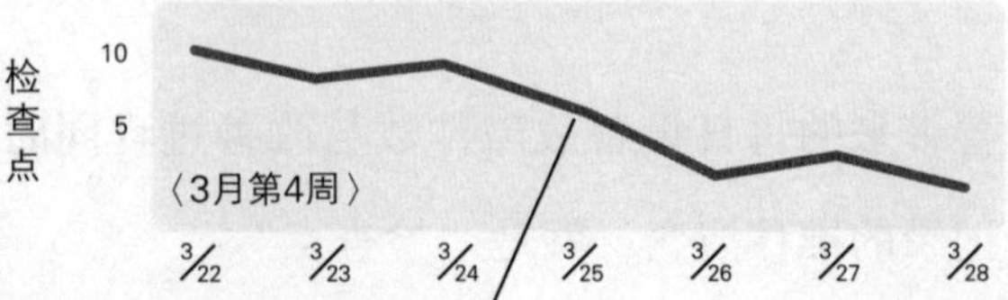

3 问题解决与改善

第 2 步　确定用数据捕捉改善效果的“检查点”

为了达成管理点，**需要管理者与现场员工一起探索“引起不良的原因”。**

前文的工厂在改善工作中探索不良原因之后，发现问题起因于设备故障。于是，他们寻找设备故障的原因，并施以对策。

首先，用一周的时间实施对策 A，但是发现不良并未明显减少。于是，在下一周实施对策 B，发现设备故障少了，不良也少了。所以该工厂每日调试设备，进一步减少设备故障问题。

将改善带来的每日设备故障件数与改善过程同时记录下来。这一记录的推移演变，就是“检查点”。

在办公室工作中，假如“票据输入错误”的问题频繁发生，这时可以通过修改票据格式来防止漏记，或固化标准工作步骤，如在电脑显示屏旁立一张票据单，一边参照一边输入票据。

每日记录对策内容和结果，如有效，就一边调整对策，一边挑战实现目标。

LECTURE 5

设定提振士气、提升效果的"目标数值"

决定了管理指标之后，需要设定管理指标的目标数值。

此处非常关键。太低了，无法实现方针和目标；太高了，会强迫员工做不必要的工作，导致大家疲惫不堪。

此外，方针和目标的性质不同，管理指标的设定方法也不同。接下来笔者按如下顺序展开介绍。

方法 1 基于过去的实际情况，计算目标数值

假如方针和目标是"销售部营业额提升 25%"。

这种情况下，由于已经有了"上一期"这一先例，所以可以基于前期经验，思考如何提升营业额。

丰田生产方式中有**节拍时间（Takt Time）**和**循环时间（Cycle Time）**的概念。

节拍时间指"从客户的需求出发，生产 1 个商品，可以

花费多长时间”。

例如，1周必须生产100个产品，那么，

40小时（1天8小时×星期一~星期五共5天）÷100个=0.4小时

节拍时间为0.4小时。

此外，节拍时间随“客户需求”的变化而变化。如果“两周生产100个就行”，则有2倍即80小时的时间，所以节拍时间为0.8小时。

与此相对，“循环时间（Cycle Time）”指“生产1个商品，需要花费多长时间”。

无论是节拍时间，还是循环时间，前提都是“掌握全部作业技能的多能工1个人负责完成所有生产工序”。因此，如果生产1个商品需要0.8小时，1周需要完成100个商品的话，那么，

循环时间0.8小时÷节拍时间0.4小时=2

即需要两位作业员。

实现“销售部营业额同比提升25%”，也可以采用相同思路。

如果在前一期中，销售部全体员工每周共拜访客户 100 次，且拜访成交率维持不变的话，那么在当期，需要将拜访数量提升至 125 次。

如果“销售部的目标=客户需求”，那么节拍时间就是

40 小时÷125 次=约 0.32 小时

如果“现在每周销售拜访 100 次已经是极限”，就需要考虑增加人手了。具体来说，循环时间为

40 小时÷100 次=0.4 小时

所以，

0.4÷约 0.32=约 1.25

即销售部员工规模需要增加至 1.25 倍。如果现在人数为 20 人，则需要增至 25 人。

可以增加人手的话，固然是好，但现实情况常常并非如此。增加不了人手时，**如何减少循环时间，使“循环时间÷节拍时间”逼近“1”？如果可以，努力低于“1”（=工作比现在还轻松）变得非常关键。**

可以采取“修改拜访路线”“按区域重编意向客户和负责的销售员”“增加线上商业谈判，减少实际去客户方拜访的次数”等对策，挑战缩短循环时间。

最佳目标数值的计算方法

根据客户需求，生产1个产品可以花费的时间

$$\text{节拍时间}=\frac{\text{开工生产时间}}{\text{产量需求}}$$

生产1个产品需要的时间

$$\text{需要的作业员人数}=\frac{\text{循环时间}}{\text{节拍时间}}$$

例　1周生产100个　（8小时×5天）

$$\text{节拍时间}=\frac{40}{100}=0.4$$

$$\text{需要的作业员人数}=\frac{0.8}{0.4}=2$$

↓

↓

如何不增加人手，还能实现目标？
①通过改善，缩短总作业时间
②推进平准化，拉长节拍时间

当然，提升营业额的方法并非只有增加拜访次数。还应该实施**提升销售质量的对策**，如“让资料更清晰易懂”“筛选意向强烈的客户，挑准实机，重点接洽”等，**努力“提升成交率”**。

就这样，将“增加拜访次数”和“提高成交率”定为管理指标，设定达成目标的参考数值，然后向着目标数值，不断实施改善。

此外，如果“营业额提升25%”不是通过全年，而是通过促销期两个月实现的话，可以考虑尽早行动，拉平每周的拜访次数，换言之，通过“平准化”，拉长节拍时间，减轻工作负荷。

综合“人员数量”“循环时间”“节拍时间”，找出最佳目标数值，非常重要。

方法2 为寻找目标数值，收集数据

如【方法1】，如果“目标是累积提升型”，可以基于过去的实际情况，设定管理指标的目标数值，但如果以“营业额”为主题，而课题是“防止销售机会流失”的话，则必须首先调查“何时流失了销售机会”。

以某家超市为例。

不管是不是销售高峰期，收银台前都会出现排长队的情况，导致一些客户放弃购买，所以超市将此情况定义为亟须解决的课题。针对“销售机会流失”这一现象，他们首先调查了“何时顾客会放弃排队”。

问题在于排队等候时间，还是排队人数呢？采集数据后发现，在这家超市，“排队等候时间对客户选择离开的影响并不大”，但“排队人数大于等于5人时，放弃排队的客户开始增加”。

于是，超市将管理点设为“结账排队人数低于5人”，检查点为“排队人数”。

每日检查排队情况，成为日常管理的基础内容。但这样只是做一个记录。

在实施检查的同时，还需要解决问题，避免结账队伍变长。超市通过实施各种各样的对策，一边每日记录对策效果，一边向着“结账排队人数低于5人”的目标不断努力。

如果可以“增加结账柜台”“扩充人手”，或许可以一次性解决。但无论是增加收银机，还是雇用员工，都需要成本。

而且，结账排长队这一现象，并不只出现在傍晚等客流高峰期，突然排长队的情况也时有发生。由于不能一直配备客流高峰期的接待阵容，所以单纯靠增加收银台和人手，并不能从根本上解决问题。

因此，超市需要实施控制“排队等候人数一直低于5人”的对策，并固化对策内容，让任何一位员工执行时都能发挥应有的效果，换言之，要将对策落实到工作机制中。

毋庸置疑，超市应提升员工的收银技能，并让员工彻底遵守作业规则（作业标准）。此外，超市还可以实施其他对策，例如，当排队人数达到3人时，收银台发出求助信号，将耗时较长的赠品申请或商品抱怨等需求引至专门柜台处理。

在此过程中，如采集数据后发现存在有效对策，就推行标准化，反馈到“保持排队等候人数低于5人”的工作机制中去。

基于数据，优化“作业标准”

“通过观察日常管理数据的推移情况，可以发现优化作业标准的机会”。

提出这一观点的是曾在丰田田原等工厂从事涂装工作40年有余的广老师。

“这是我在车体涂装科担任组长时发生的故事。每天开工前，我们会查看涂装状态、膜厚等情况，并将其作为日常管理对象进行管控。其中，喷涂枪头（涂装工具的零件）磨损会引起产品不良，所以规定每喷涂两万台就更换一次枪头。

“然而，通过观察日常管理数据，我们发现即使喷涂台数接近两万台，也没有恶化的征兆。于是，我怀疑‘枪头的磨损并没有想象得那么快’，然后与班长们思考喷涂两万台后枪头也不会出问题的改善方法，尽可能延长枪头的使用寿命。

最后，对于喷涂超过两万台的枪头，我们通过给设备输入‘拉开喷涂抢的距离’和‘下调角度’等新程序，成功将其使用寿命提升至喷涂三万台。”

前边超市的案例也一样，超市决定挑战“排队人数低于5人”，正是由于从数据分析中发现了“队伍超过5人，放弃排队的人开始变多”这一分水岭。

实际上，只要有1人排队，也会有放弃结账的顾客，所以，并不是“达成目标值就OK了”，**不断审视日常管理数值，调高目标设定，也很重要**。

没有收集数据习惯的团队，可能很难展开这样的活动，难以获得员工的理解和支持。

然而，靠管理者一己之力，无法改变现状。我们应通过

解决结账等候问题的案例

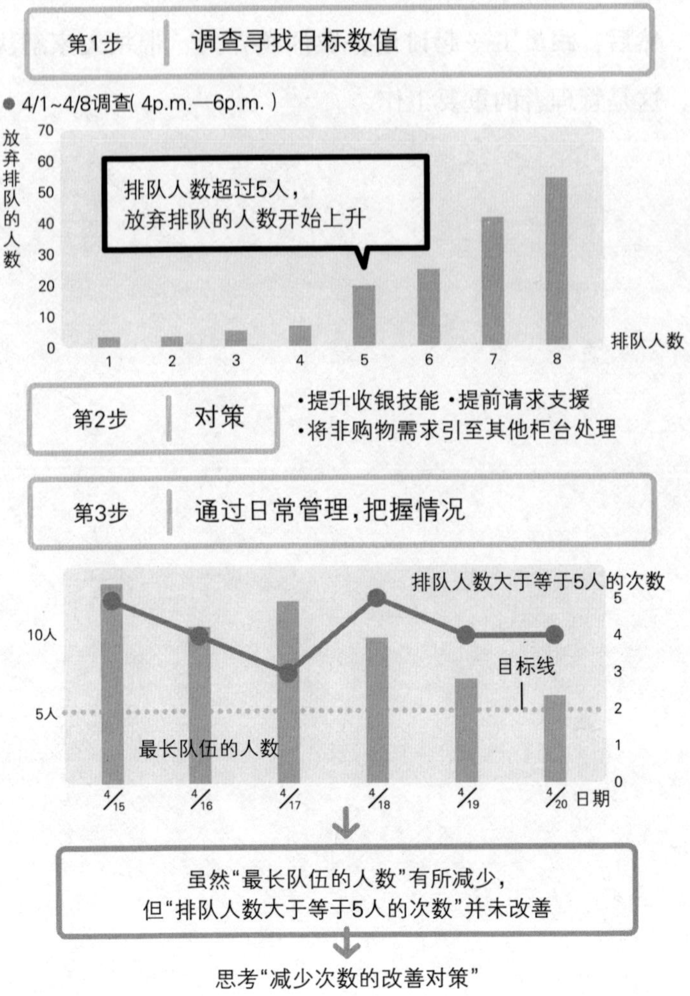

“让员工以一周为期，采集数据”“首先由管理者采集数据”等方法，用数据说明现状，让员工了解实际情况。

然后，跟员工一起讨论，发挥领导力，带领大家解决问题，这是管理者的重要工作。

CHAPTER 3 小结

• 关于日常管理板，不需要一开始就尽善尽美，可以从解决“苦恼之事”着手。设定团队方针和目标也一样，可以粗略地从“希望怎样”开始做起。

• 团队方针和目标也可以通过“5 大管理”和“部门和管理职的职责”出发，思考得出。

• 关于 5 大管理，即使只挑战解决 1 个项目，其效果也会扩散到其他项目。

• 找到与团队方针、目标相关的管理指标，十分重要。为此，需要提前掌握现场面临的课题。

• 基于客观数据，给管理指标设置一个合理的目标数值是非常重要的。太低，无法达成方针和目标。反之，太高的话，会勉强员工做完成不了的工作，导致大家疲惫不堪。

本章将介绍“日常管理板的制作方法”中的“团队方针和目标的设定方法”以及“管理指标的制作方法”。

CHAPTER 4

活用术
不断改善！
丰田的日常管理术

本章将介绍日常管理板的进阶活用术和基础日常管理术。灵活应用两种方法，效果将突飞猛进。让我们聚焦于制造业和非制造业中的常见问题，观察其具体改善手法。同时，本章还将涉猎消除工作中隐藏的浪费和无效的丰田生产方式的基本手法——“7种浪费”与“5S”。

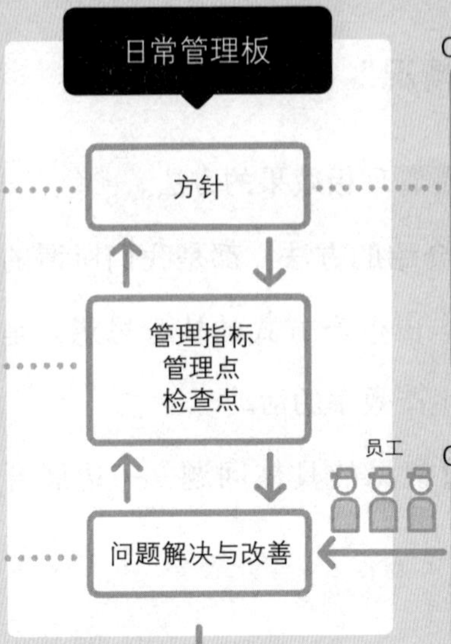

LECTURE 1

切断导致业务停滞的因素

消除“工作与个人绑定的情况”

接下来介绍进一步提升日常管理板效果的方法。

日常管理板和笔者接下来介绍的方法，都是我们所谓的“改善”工作的一环。改善是丰田生产方式的核心思想，是全员挑战彻底杜绝浪费、提高生产效率的活动。

接下来笔者一边列举身边常见的具体问题，一边展开介绍。

通常，在企业中，尤其是非制造业中，经常发生工作与个人绑定的问题。

解决此问题，**需要明确部门职责和必要技能，实施业务“标准化”和工作负荷“平准化”。**

“工作与个人绑定”的状态，比如类似下面这种情况。

A 长期担任一线销售工作，常常能争取到大客户，并得益于优秀的业绩，晋升为科长。可是，A 被客户要求“希望你继续负责”。明明已经安排后任，但客户总是直接打电话找他，于是 A 亲自处理客户的需求，或将客户需求汇总后，转给自己的后任……这种情况常常发生，不是吗？

虽然被客户认可是件好事，但上文的做法会妨碍现在的科长工作。

如果放任“工作与个人绑定”的状态不管，那么工作很容易会集中到某些特定的“能人”手中，导致这部分人工作负荷加大。

此外，如果这些实力员工生病，或带着客户人脉跳槽的话，会瞬间重创公司业务。

通过“业务盘点”，将必要技能“标准化”

为什么来自客户的委托会集中在某些特定员工那里呢？

如前文所述，滨崎老师说“应明确部门职责和必要技能”。

“在很多企业里，别说公司方针了，连部门和管理职的工作职责都模糊不清。首先，一项项梳理清楚，是非常重要的。

“然后，对比职责，整理当下的业务情况。我把此项工作称为‘业务盘点’。

“做好了‘业务盘点’，‘为了让客户倍加满意，对应的部门和职务必须具备何种技能’就自然而然浮出水面了。

“换言之，业务盘点还有助于人才的培养管理工作。”

知道了“需要具备何种技能”，就可以建立一套机制，将工作技能体系化地汇总到作业要领书中，部门员工可自由学习。

然后，通过让部门全员掌握工作技能，贯彻作业标准，达到人人皆可稳定输出相同工作价值的状态。

推进“平准化”，消除业务不均

另外，推行“平准化”也十分关键。平准化指**消除员工之间、团队之间的工作量差异，均衡工作负荷**。

与规定每日生产目标的制造一线不同，办公室工作的业务量不稳定，常常面临突发工作。若分派业务不合理，将马上发生员工间负荷不均的问题。

正因为如此，管理者一旦发现员工间工作量不均衡，不要放任不管，应重视起来，进行日常管理，注意员工日常工作的平准化，这是维持整个团队高效和稳定工作的关键。

加班不均的养老院采取的解决方案

以某养老院的做法为例，介绍一下平准化。

该养老院中，每位老人 1 个房间，几位老人形成 1 个单元，采用规定看护团队照料的“单元看护”方式。

若 1 个单元中有多位需要重点看护的老人，则相应看护团队的工作负担就会随之增加。因此，随着入住老人的不断更换，各单元的老人结构出现差异，导致看护团队之间出现加班时间不均的问题。

于是，该养老院对每位老人需要的看护水平进行打分，调整每个单元的老人结构，保持各单元的合计分数相等，以此推进各看护团队的工作负担平准化。最终，成功消除了加班不均的问题。

此外，这种“单元看护”不同于以往大房间、非固定看护人员的做法，营造了尊重每位老人的生活环境，由固定的熟悉的看护人员负责老人进食、洗澡、排泄等私密看护。

因此，实际调整老人的所属单元时，不只需要考虑分数，

解决工作量不均问题的“平准化”

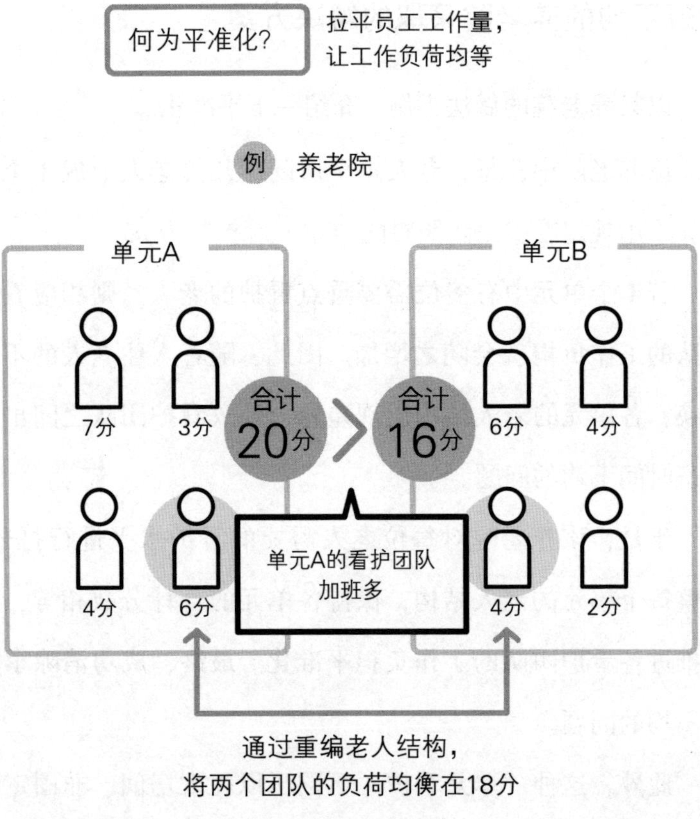

还需要考虑老人性格，以及与看护人员是否合得来等各方面因素，必须在获得老人和相关人员理解的基础上，才可以进行调整。

获得老人和相关人员的理解非常重要，通过这种调整，养老院均衡了看护团队的工作负担，**相比以前，可以更轻松地实现高质看护服务了**。

另外，如前文所述，入住老人不断更迭，所以看护水平的综合总分总会出现差别。要想持续获得平准化的效果，需定期确认现状，优化单元构成。

日常管理板展示的工作方针，并非全部来源于公司方针的分解。就像工作与个人绑定等问题，其实现场有着各种各样亟须解决的课题。

推行标准化和平准化可以解决其中很多的问题。应用日常管理板，可以帮助问题顺利解决。

“平准化”与“标准化”

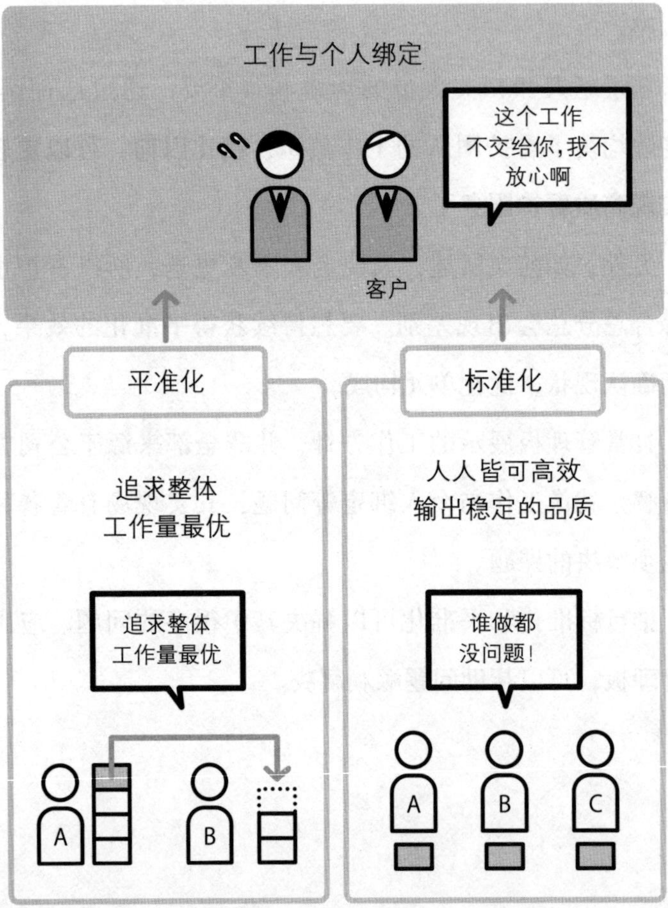
工作与个人绑定
这个工作
不交给你，我不
放心啊
客户
平准化
追求整体
工作量最优
追求整体
工作量最优
A
B
标准化
人人皆可高效
输出稳定的品质
谁做都
没问题！
A
B
C

LECTURE 2 打造在期限内完成工作的机制

使用日常管理板，无须一开始就追求完美。即使只抓住“先设立时间计划，再工作”“在期限内完成工作”等日常管理视角，现场也会发生翻天覆地的变化。

将“工作日报”打造成强大的改善工具

培训员广老师在客户银行，通过此前一直使用的日常工具，带领大家解决了“苦恼”。

“那家银行当初的问题是无法按计划完成工作。‘今天做什么’全权交给员工个人，所以每天的工作计划只有员工本人知道，完全是想起什么就做什么的状态。

“因此，即使没完成当天的任务，也不会有人提醒，索性留到第二天做。这种现象逐渐蔓延。

“当管理者觉得‘下属应该提交审批文件了，怎么还不来……’时，一跟员工确认，才知道员工的工作延迟了多少，然后管理者才开始跟踪情况。这种情况反复出现。

“换言之，不仅是管理者，连员工本人都没将工作负荷和进度‘可视化’，导致工作无法按计划执行下去。”

为改善这种情况，广老师注意到了“工作日报”。

“提交工作日报虽已形成习惯，但员工们只记录大致的工作内容。对于管理者而言，检查工作日报俨然只是确认员工是否已提交的盖章动作，从没想过根据日报内容，与员工进行沟通。

“于是，我想既然提交工作日报已形成习惯，不如将它转化成日常管理的工具，即日常管理板的替代物。

“我修改了在丰田工作时下属班长的工作日报模板，应用在客户银行。

“在具体使用时，首先让各位银行职员以小时为单位，规划 1 周的工作。然后，要求员工每天记录‘工作是否按计划进行。若没有，其原因是什么。第 2 天如何完成剩下的工作’，提交给管理者。

“最后，管理者查看员工提交的日报，检查是否存在浪费和无效，提出意见并进行跟踪管理。”

检查平准化和准备情况，每天跟踪员工的工作

通过灵活应用工作日报，我们获得了如下成效。

· 银行职员们提升了每天按计划完成工作的意识。

· 工作负荷和进展实现“可视化”。

· 和员工密切交流，管理者快速跟踪工作情况。

具体实施如下 3 点。

①建立工作计划

②每天回顾工作情况（=检查，监测）

③每天管理者都参与到现场工作中，与员工沟通交流

无论哪条，对于管理工作而言，可以说是基本中的基本。

然而，如果管理者拥有丰田日常管理的视角，就能够仅仅用第 112 页的 1 张表，迅速解决问题，引导团队走向高产高效之路。

首先，管理者查阅员工提交的工作计划，可以知道“1 周的工作量过多或过少”——是否实现了“平准化”，然后合理进行指导。

将“工作日报”打造成日常管理工具

7月第2周　○○太郎

	7/8星期一	7/9星期二	7/10星期三	7/11星期四	7/12星期五
8:00~9:00	开店准备 开会	〃	〃	〃	〃
9:00~11:00	窗口业务	制作资料			
11:00~12:00	窗口业务	制作资料 帮助窗口业务			
12:00~14:00	窗口业务	区域会议	〃	〃	〃
14:00~15:00	窗口业务	区域会议			〃
15:00~16:00	现金业务	解决联络事项			〃
16:00~17:00	支票结算	检查印鉴表	〃	〃	〃
17:00~18:00	制作日报	〃	〃	〃	〃
特别记录事项					
管理者点评	○○时的客户接待，堪称完美！				

○○时的客户接待，堪称完美！

1 记录从星期一到星期五的每日工作计划

2 记录实际做了什么

3 记录未按计划实施的内容和挽回方案

4 上司的建议和确认签字

然后，管理者还可以确认工作顺序和准备工作是否合理，是否可以精益求精，例如“这项工作可放在后半周做”“那项工作应在早上第一时间执行”等。

最后，结束了一天的工作后，管理者查阅员工写在特别记录事项中的反思，重新分析明天之后的工作方式是否合理。

创造表扬员工的机会

在银行活用工作日报的所有优点中，笔者尤其想强调的一点是“可以创造表扬的机会”。

我曾听过足球队的后卫抱怨“前锋得分了会被媒体大肆报道，广受关注，可我们‘防守却被认为是理所当然的’。即使我们守得如铜墙铁壁一般，但只要出现一点点失误导致失分，就会招致各种批评和指责”。其实银行的工作是类似的。

守护好客户的资金和信息是理所当然的，无论做得多么辛苦，也没什么被表扬的机会。

OJT Solutions 的培训老师在改善活动中，要求管理者们在员工完成工作时或做得不错时，用日常管理板好好表扬员工。

在银行的工作中也一样，例如发现窗口业务做得好，就可以在工作日志中写道“在客户要求○○的时候，你的处理堪称完美!”这样表扬员工的工作细节。员工**如果发现“原来那时，领导在看我呀”，毋庸置疑，他的工作热情定会大涨。**

LECTURE 3

力求“真正工作”的时间最大化

首先将工作分成3类

丰田日常管理的思考方式不仅对工厂有效，对办公室工作也是有益的。这一点已被证实，而工厂和办公室工作因工作方式不同，具体的做法也不同，这也是事实。

工厂工作基本上追求**“将一项工作做到极致”。即对于某个特定产品、某一负责部位、某一工作内容，探索“能否更加轻松、更加高效、更加高精”，向着终极“标准化”，不断发起挑战**。

而在办公室工作中，除去明显的常规业务，工作内容因客户要求和外部门的参与而不断变化，所以办公室工作要求的是符合当下情景的最佳处理。

因难以推行标准化，世间存在“办公室工作不适合改善”的印象。而在实际追求提升工作效率时，结果也往往不如人意。

在办公室工作的改善活动中，应首先将全部工作分成**“主要工作”“附属工作”“无效工作” 3 类**。

在此基础上，**不断提高附属工作的效率，消除无效工作和浪费，追求主要工作时间的最大化**。

那么，何为**“主要工作”**呢？

即“该部门和该职位的人必须执行的工作”。

例如，如果是产品企划部，那么，无疑制作企划书就是主要工作。主要工作的内容包括构想企划内容、锤炼企划书结构、思考魅力宣传语等。

然后，为了主要工作而实施的信息收集工作是**“附属工作”**。如何保存收集到的资料、如何提升使用的便利性等，都是附属工作。

计算资料收集所花费的费用、申请预算等虽然是边缘工作，但这些工作并非可有可无，所以也属于附属工作。

“可有可无的工作”，指因内容有误而反复打印，为了跟领导确认而到处寻找上司的身影，提交的企划书在领导的桌子上放了好几天等情况。这些属于**“无效工作”。**

笔者这样稍微举例，大家就能体会附属工作和无效工作竟如此之多了吧。相信大家在日常工作中也切身经历过。

只要提高与企划书质量无关的附属工作的效率，消除无效劳动，主要工作的时间就会增加，就能提升主要工作的质量。

让我们在办公室工作中，将时间和精力最大化地投入到主要工作中去吧。

办公室工作的改善对策

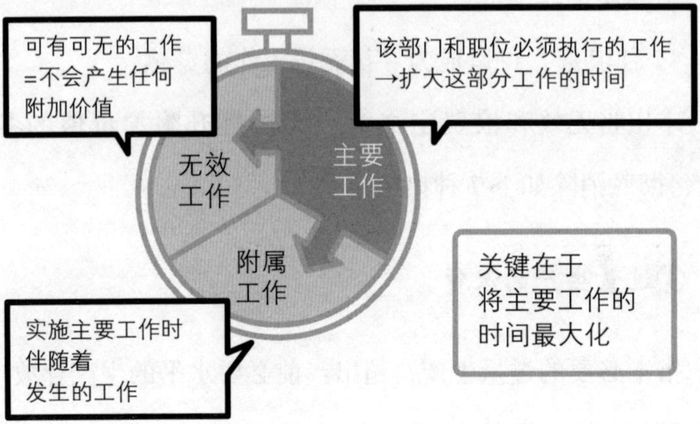

LECTURE 4

寻找无效工作的高效方法

从“7种浪费”开始观察

从自以为理所当然的工作中，寻找无效与浪费，其实比想象中的还难。

“7种浪费”可以成为寻找无效工作的灵感。

丰田将无效和浪费定义为“**无法提升附加价值的各要素**”，彻底消除如下7种典型浪费。

①过量生产的浪费

指不必要的过量生产，超出当前必要水平的生产存放。

虽说一次性汇总生产可以降低制造成本，但如果卖不出去或产品规格发生变化，则需要打折出售，反而有损收益。

在办公室工作中，例如为明年准备了大量的产品介绍手册，结果在分发之前，产品线突然发生变化，导致全部重新印刷的情况。

而且，“过量生产的浪费”还是引发以下浪费的元凶。

例如，过量生产需要更多的储存空间，可直接导致“库存的浪费”。此外，大量生产虽然减少了“搬运的浪费”和“动作上的浪费”，提升了效率，但如果产品不被需要了，那么为此所付出的一切都将付诸东流。

②待工的浪费

指工序 1 的工作还未结束，工序 2 已在等待的状态。

在办公室工作场景中，有这样的情况，公司为处理员工的福利申请，特意留足人手和时间，然而只有很少部门按期汇总并提交申请，工作量低于预期，时间和人手出现富余。

③搬运的浪费

指工序 1 和 2 的作业地点相距较远，为进行下一工作，需要搬用等情况。

搬运时间仅仅是物体移动的时间，不会创造任何价值。

另外，如果 1 天需要多次上下搬运，那么即使是很轻的物体，也可能导致员工腰伤。在办公室场景中，例如反复找领导审批、去取打印文件等搬运信息和文件的情况，也属于搬运的浪费。

④加工本身的浪费

指花费时间和精力在与产品品质无关的工序和工作中。

在办公室工作中，加工本身的浪费包括为演示资料过度插入动画、加入不必要的设计等。

⑤库存的浪费

指持有超出必要水平的库存。过度采购原材料，过量生产成品后堆积存放。

众所周知，库存需要保存空间，需要成本。而且存放期间，产品可能发生劣化，带来损失。

另外，如果库存管理不到位，还可能招致过度订货或缺货的情况。

在办公室工作中，虽然统一采购物品的成本低，但如果大量采购备用品或打印用纸，商品可能会老旧劣化，无法使用。

⑥操作上的浪费

实施作业时需要使用各种各样的工具，由于工具位置不合理，导致发生无效动作，或作业姿势不便。

工具整理不到位、需在工具箱中反复搜寻工具的问题，是初级的操作上的浪费。

在办公室工作中，例如办公桌上随意堆放着多个项目的资料，员工需要从堆积如山的资料中找到需要的资料。

⑦生产不合格品的浪费

指生产不得不报废或需要返工的不合格产品。

在办公室工作中，由于检查不到位，印刷后才发现宣传册的错误等问题，属于这类浪费。此外，由于领导要求含糊不清，导致下属反复修改资料的情况，也应归为这类浪费。

以上内容并非全部种类的无效工作和浪费。

但如果抱着这些典型视角，观察本部门和自己的工作，会更容易发现其中隐藏的浪费。

此外，我们还应关注“库存的浪费”和“过量生产的浪费”，以及“搬运的浪费”和“操作上的浪费”这种紧密相关的问题。虽然从现象来看，不过是一种问题，但其实意味着存在很多问题。

发现了一种浪费与无效之后，从多方面展开验证，十分重要。

审查工作的灵感——“7种浪费”

何为无效与浪费？ = 无法提升附加价值的各要素

1	过量生产的浪费	不必要的过量生产，超出当前必要水平的生产存放
2	待工的浪费	工序1的工作还未完成，工序2已在等待的状态
3	搬运的浪费	移动本身是花费时间和成本的无效工作和浪费
4	加工本身的浪费	花费时间和精力在与产品品质无关的工序和工作中
5	库存的浪费	持有超出必要水平的库存
6	操作上的浪费	由于工具位置不合理，导致找不到工具、发生无效动作、作业姿势不便
7	生产不合格品的浪费	生产不得不报废或需要返工的不合格产品

LECTURE 5

改善办公室工作，应首先活用5S

5S 是发现浪费与无效的基础

OJT Solutions 的全体培训老师在客户公司首先挑战的，就是贯彻 5S。

5S 是追求改善和维持工作环境的口号，是以下 5 个单词的首字母组合。

①整理（Seiri）

②整顿（Seiton）

③清扫（Seisou）

④清洁（Seiketsu）

⑤素养（Shitsuke）

5S 并非单纯的整理、清扫这种美化运动。

5S 的目标是将“7 种浪费”（第 118 页）等**工作环境和工序之间隐藏的问题“可视化”，配置好有利于提升生产效率的要素**。

现在，你面前的桌子上是否堆满了做了一半的工作，桌子下塞了一堆文件，办公室的角落里堆放着很多纸箱，已离职的前同事办公桌上放着不知道是谁的东西……

从堆积如山的文件中抽出今天要用的资料，或签署重要文件时，在抽屉深处找了很久签字笔，假如这些找东西的动作以每天 2 分钟×10 次计算，就能得到前文介绍的“操作上的浪费”的时间。

1 个月就是 20 分钟×20 工作日 = 400 分钟，1 年就是 400 分钟×12 个月 = 2800 分钟，换言之，有 80 个小时的时间被白白浪费了。

如果 1 天工作 8 小时，那么相当于**有 10 天的工作没有创造任何价值**。

5S 在工厂等制造一线广为人知，但是在办公室中应用得并不广泛。

正因如此，哪怕稍微实施 5S，也能够大大提升办公室工作的便利性，收获显著的成效。不妨在办公室工作中，以 5S

为日常管理主题，实践一下吧。

①整理

指区分需要的东西和不需要的东西，处理不需要的东西。

不需要的东西不仅浪费保存空间，如果放在桌子边角等位置，还会妨碍办公室工作人员的正常走动，甚至可能让大家摔跟头，或者堆放的东西倒了伤到人。

此外，如果原材料或备品整理不到位，被无用之物遮挡住的话，将无法正确把握需要物品的库存，进而导致 7 种浪费中的“库存的浪费”——过度订货或缺货等。

②整顿

指明确规定放置的物体、地点、数量，以在必要时任何一位员工都可以找到。

单纯把备品整洁地摆放在抽屉中，并不是 5S 中的“整顿”。因为，假如每天都用之物却被收在抽屉深处的话，反而用起来很不方便。

此外，如果用柜子等空间收纳公共备品，应规定一个全员都能瞬间理解的存放规则。

如果使用备品时需要反复搜寻，那么说明“操作上的浪费”已经发生。

在5S中，效果尤其突出、培训老师们首先努力指导的内容就是整理和整顿这2S。

办公室实践2S之后，或许可以减少一个书架。如果在空出来的空间购置一个部门专用的轻型打印机，那么大家就不用总是排长队等待用公用打印机打印了。

如果再设置一个操作台，那么大家就不用为了整理和装订资料，而到处寻找空位子了。

换言之，推进2S，不仅可以减少“库存的浪费”和“操作上的浪费”，还能进一步减少“搬运的浪费”和“待工的浪费”。

③清扫

指清除脏污，让隐藏的不良和事故原因更容易被发现。

如果有个地方一直滴油，就可以推测机器已悄悄发生故障或有发生故障的征兆，将严重问题防患于未然。

此外，油污还可能污染产品，导致不良的产生。

而且，如果有人走过去时没注意到油污，可能会摔倒受伤。

贯彻“清扫”，可以守护5大管理中的“生产”“品质”“安全”。

④清洁

指一直维持整理、整顿、清扫到位的状态。

一度整顿好的工作环境，如果在工作过程中恢复原状，那么好不容易提升的工作质量最终还会降下来，功亏一篑。不只是办公室工作现场，电脑桌面图标等也一样。

维持高效的工作环境，十分重要。

⑤素养

指现场工作人员遵守包括但不限于5S的全部规定。

通过让团队全员贯彻基本规则，如遵守作业标准、务必实施开工前检查等，可以提升团队力。在这一点上，管理者的角色尤为重要。

办公室通过5S消除无效工作

1	整理	区分需要的东西和不需要的东西，处理不需要的东西
2	整顿	明确规定放置的物体、地点、数量，以在必要时任何一位员工都可以找到
3	清扫	清除脏污，让不良和事故原因更容易被发现
4	清洁	一直维持整理、整顿、清扫到位的状态
5	素养	现场工作人员遵守包括但不限于5S的全部规定

解决问题的 8 个步骤

5S 是推进工作现场的环境改善、开展高效工作的基础。然而，仅仅做到 5S，并不能改善“某零件的生产不良较多”“销售难以将潜在客户带入商务谈判环节”这类问题。针对这种难度较高的改善活动，丰田通过以下“解决问题的 8 个步骤”，挑战击破。

①明确问题

②把握现状

③设定目标

④思考真因

⑤对策立案

⑥实施对策

⑦确认和评价对策效果

⑧通过标准化固化效果，横向展开

大家在工作中是否遇到过这样的情况，有些问题反复发生，遇到后感叹一句“啊，又是这个啊”，然后问题出现一次，解决一次。

如上文5S所述，即使处理一次问题只需要一点时间，但以月和年为单位进行计算的话，时间就很多了。相同问题反复发生，说明之前只解决了显露在表层的问题，没有从根本上解决问题。

“解决问题的8个步骤”通过采集数据，**将现状“可视化”，揪出引发问题的真正原因（真因），实施改善，防止同一问题再次发生**。

在丰田公司，新人入职后会马上全面学习“解决问题的8个步骤”。丰田要求员工有逻辑地展示出“为什么选择了该改善主题”“为什么这一点是引起问题的真因”“具体应采取什么对策”等，这样就可以避免靠经验和感觉实施改善了。

解决工作现场的问题，是关乎公司方针能否实现的重要开始。《丰田的问题解决方法》详细介绍了“解决问题的8个步骤”，《丰田的整理之道》（两本书都出自KADOKAWA）详细论述了5S，望感兴趣的朋友参读。

LECTURE 6

让无效和浪费“可视化”的窍门

垃圾桶是发现问题的宝库

培训员中山老师在客户公司提供咨询服务时，会首先确认“垃圾桶”。

“因为知道了垃圾桶里有什么，就知道了工作现场存在什么问题。”

这是发生在以生产某种礼品为主的某工厂的故事。

中元节和年末时订单暴增，为了强化订单高峰期的处理能力，工厂的当务之急是提升生产效率。第一次到访该工厂的中山老师一边听着负责人的介绍，一边若无其事地看了看垃圾桶，发现里边除了不合格品外，还有大量的废包装纸。

产品为节日礼品，所以包装纸有褶皱这种问题自不用说，粘包装纸的胶有外溢也是不可以的。虽然不知道发生原因是什么，但**垃圾桶可以告诉我们“哪一工序出现了什么问题”。**

在办公室中，通常每人配置一个垃圾桶，由于关乎个人隐私，管理者翻垃圾桶，恐怕会失去大家的信任。但我们可以把部门碎纸机的碎纸量作为“无效工作”的指标。

减少碎纸量，可以“削减纸张成本”。而且，碎纸时间还是“不会创造任何价值的无效时间”。

换言之，减少不必要的打印，将带来改善。

另外，还有助于会议的改善。

其实，不开始就不知道有多少人出席的会议还挺多的。

不知道出席人数，就需要多打印一些会议资料。如果不同人员分工制作并打印资料，那么还需要将多份资料整理装订成一份。会议结束后，如果有多余的资料或者有人没带回去，则需要回收，放到碎纸机中报废。

消除这些“过量生产的浪费”“搬运的浪费”“操作上的浪费”，需改善包括会前准备在内的开会方法。

不妨试着将碎纸量作为日常管理指标，挑战改善吧。

站在一处静观，将有所发现

丰田有**站在现场某处静观全局的“定点观察”手法**，旨在发现应改善的无效工作。

我们的一位培训老师在丰田担任班长时，曾有幸受过铃村喜久男的指导。铃村曾是大野耐一副社长的核心部下，为创立以看板方式为代表的丰田生产方式，作出了巨大贡献。

某天，铃村来到现场，用粉笔在一个可以纵观整个工厂的地方画了个圈，然后“站在这里观察，30 分钟不要动”。

我们的培训老师最开始不懂这么做的意义，但观察了不久之后，他就神奇地发现了一些问题，例如“那里的人没有动起来”“那个人虽然动起来了，但并没做什么至关重要的工作”。培训老师发现原来“因为在动，所以看不到问题”。

即有些无效和浪费需要冷静地定点观察才能发现。

在以网络办公为中心的办公室中，采用定点观察，可以发现一些怀疑其必要性的可疑动作，例如“那个人反复用了几次打印机”。

此外，在医院等动线设计非常重要的地方，定点观察将进一步显现其强大的效果。

例如，“心理医生准备好所有复健器材之后才叫患者进来，在患者进来前，出现了等待时间”“拿病例的地方很难找，接待处的工作人员需屡屡停下手中的工作，引导患者取病例”，这些问题将浮出水面。

如果拍下视频，便可以跟大家一起就无效动作展开讨论了。

用数据说明工作实态

我们的终极目的是消除“无效”的工作，并不是将“附属工作”削减为零，关键在于提升效率。为此，**详细区分每个动作，测量每个工序所用时间的“标准作业组合表”十分奏效**。

标准作业组合表分步骤记录了产品完成前的所用工序，以及每个工序所花费的时间。然后，将标准作业组合表与节拍时间（制造 1 个产品花费的时间）进行对比，如果超出节拍时间，则表示需改善到节拍时间之内。

另外，标准作业组合表不仅记录了各工序的作业时间，还记录了从一个工序转移至下一个工序的步行时间。因此，标准作业组合表除了会帮助我们缩减各个工序时间，还会给我们带来缩短步行距离、改善工序布局的灵感。

某地下百货商店积极应用了标准作业组合表。

该商店的店员之前每天都在跟时间赛跑，忙得焦头烂额。

于是，他们将改善主题定为自己的主要工作——“增加接待顾客时间，抓住客户的心”。

首先，店铺为了调查附属工作的时间，以分钟为单位，记录了全体店员每日的工作。

其中最大的问题是“下单商品的配送准备”。于是，商店应用标准作业组合表，将工作分为 79 个工序，测量工作时间。比如，在资深店员之中，如果 A 员工做某一工序最快，则分析 A 的工作顺序与步骤，然后推行标准化，让全体店员学习标准工作方法。

通过这样的方法，商店将**改善前只有 71 分钟的顾客接待时间，增加至约 5 倍，356 分钟**。

在一系列动作中，即使看起来没什么浪费，但分解成每个工序并测量时间之后，就会发现各种各样的问题。

还有可能发现，虽然员工 B 完成整套动作最快，但在其中的某些工序中，A 更加快速高效。

“标准作业组合表”的示例

					标准作业组合表
手工作业	作业名称	时间			作业时间（秒）
		手	送	步	
1	去储货处取商品，放在作业台上	3		10	
2	从货架里取出包装纸	10		3	
3	铺开包装纸，将商品放在上边	4			
4	确定翻折位置，并固定	6			
5	包装	32			
6	拉出包装纸外的线绳	2		3	

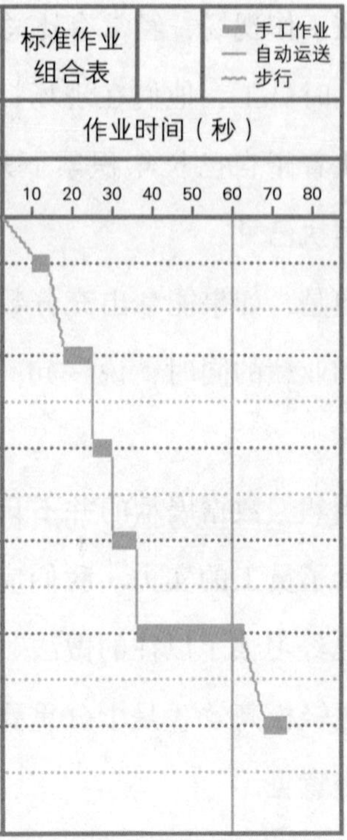

完成包装的目标时间是“60秒之内”，超出13秒 → 缩短哪个环节的作业时间？

↓

改变商品和备品的布局，使员工无须步行就可完成？

用数据展示工作状态，不仅能够让员工客观掌握现状，还有利于客观公正地推进改善。

在工作现场，经常有比总部年轻的区域经理更懂现场的资深临时员工，他们在现场拥有很大的发言权。而且，他们常常执着于自己长年积累下来的工作方法，说得负面一点，他们固执己见。

但是，如果能拿出充分数据，就可以在不伤害资深员工自尊和业绩的同时，说一句“尝试一下如何”，引导大家参与改善。

当然，数据展示的并不只是刺耳的内容，很多数据客观地展示了员工的实力。我们应该让大家觉得数据很有趣。比起“已经习惯了以往的做法”这种论调，让大家觉得“这么做，更轻松高效”是十分重要的。这样一来，年轻人也会积极发表意见。

CAHPTER
4

小结

• 非制造业中常见的严重问题是“工作与个人绑定”。要想解决这个问题，需要推行工作技能的标准化和工作负荷的平准化。

• 在非制造业中，很多人缺乏“在期限内完成工作”的意识。要解决这个问题，需要员工制作个人工作计划，记录工作进展（实际情况），管理者引导员工完成工作。

• 在办公室的改善工作中，应将工作分为“主要工作”“附属工作”“无效工作”3类，然后努力提高附属工作的效率，消除无效工作，力求让用于主要工作的时间最大化。

• 灵活应用“7种浪费”和“5S”，是高效工作的基础。在此基础上，可以灵活应用“解决问题的8个步骤”。将现状“可视化”，可以找到问题原因，防止问题再出现。

制作了日常管理板，不应用起来，将失去意义。因此，本章将介绍推动员工充分使用日常管理板的要点。

CHAPTER 5

运用日常管理板的应用秘诀

CHAPTER 3 制作方法

交出成果！
日常管理板的制作方法

设定合理的团队方针和目标的方法是什么？
行之有效的“管理指标”的制作方法是什么？

→ 064页

CHAPTER 4 活用术

不断“改善”！
丰田的日常管理术

灵活应用“7个浪费”和“解决问题的8个步骤”，最大限度地发挥日常管理板的功效

→ 100页

同时，还将说明为什么“日常管理板要制作成醒目的纸张或白板，张贴在墙壁上”。然后，介绍负责本书的编辑部已取得成效的“线上日常管理板”，并站在培训老师的严格视角，检查“线上日常管理板”的应用方法，传授让成果更加显著的建议。

CHAPTER 1

全貌与优势
丰田“日常管理板”的力量

厉害之处在哪儿？
其优势是什么？

→ 010页

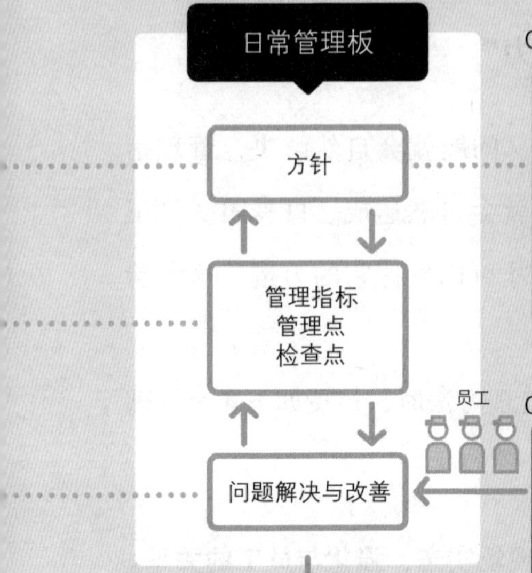

CHAPTER 6

方针管理
〈应用篇〉
通过方针管理，实现差异化

在日常管理板中，方针管理工作尤为重要，揭秘丰田的问题解决方法和诀窍

→ 186页

CHAPTER 5

运用
日常管理板的应用秘诀

让现场充分应用日常管理板的要点

→ 140页

CHAPTER 2

目的
职场大变样！
日常管理板的5大好处

运用日常管理板后，将发生什么变化？
揭秘其具体好处

→ 038页

LECTURE 1

如何让现场参与、干劲满满？

考验管理者的“现场统率力”

并不是制作了日常管理板，问题就会自然解决，管理指标就会自然向好，方针和目标就会自然达成。只有团队员工每天参与到日常管理板之中，才可以发挥它的力量。这考验着管理者的现场统率力。

OJT Solutions 在指导日常管理方法时，传授如下 4 个管理要点。

①听取现场的困难，把握现场实态，强化与员工的关系。

②全体人员一起讨论和设定支撑目标达成的管理指标（检查项目和图表）。

③在获得认同的基础上，让大家绘制检查图表。

④不放任员工全权处理，多参与、多沟通，维持团队对

日常管理的热情。

开始一项新事物，经常会遭遇现场的反抗和阻挠，这也是培训老师初入现场指导工作时经常遇到的情况。遭遇强烈反抗的情况也不少。这时就需要统率现场的领导力了。但即使管理者下达命令，并在前引导，如果员工不认同，就不会积极执行。即使大家“不情愿地”执行了，一旦管理者岗位轮转或繁忙期管理不过来时，工作效果就会瞬间衰退。

如 CHAPTER 1 所述，“日常管理板的目的是让工作更轻松”，这一点可以成为让员工对日常管理板感兴趣的契机。接下来本书将详细介绍进一步促进现场积极参与日常管理板的培训老师的实战秘诀。

LECTURE 2

让大家理解目的，实实在在感受效果

如何才能让员工主动执行呢？

培训老师森川说，要想让大家应用日常管理板，最重要的是“消除被迫感”。

“应用日常管理板，必须充分介绍应用日常管理板的目的和效果，取得大家的理解。但只做到这里，大家的反应常常是‘我明白你的意思了，但是有必要做到这种程度吗’。

“因此，需要让大家‘**实实在在感受效果**’。

“用测量数据将现状‘可视化’，施以合理对策，解决问题。伴随着此行动的循环往复，让大家不断体会达成管理指标和实现目标的成功感觉。有了效果后，大家会渐渐从‘麻烦，不喜欢’的负面情绪中脱离出来，以更积极正面的态度应用日常管理板。”

在办公室工作中，假如只被要求“每天提交工作日报”，员工们应该会觉得“每天做好工作就很累了，还要提交日报，好烦”吧。

但如果大家理解了好好记录工作日报的意义和价值之后呢？

管理者每天检查工作日报的内容，可以提前觉察到风险，进行跟踪管理。

而且，通过工作日报共享高效员工的时间利用方法，或将新发现的工作模式转化成指标，可以促进全员改善，提升业绩。

结合过往案例充分说明这些优点，努力获得大家的认同，是工作的第一步。

但是，如果不让员工实际体会到管理者介绍的优点，这些说明最终只会变成谎言。

对于这一案例而言，管理者应充分介入员工的工作日报内容中，觉察风险，进行跟踪管理。

管理者不仅要用语言传达这么做的目的，更重要的是落实到行动中去。

LECTURE 3

先做好倾听者，再表达自己的想法

首先应听取和采纳意见

培训老师森川说**“倾听员工的意见很关键”，这一点几乎与让大家充分理解日常管理板的目的同样重要**。

“让大家检查日常管理点，反而屡屡碰到员工发牢骚，比如员工借口说‘没时间，做不到’，或指责他人‘某某并没那么做’。这时，不要摇头否定，首先理解对方的心情并展示出倾听的姿态，十分重要。

“在说服对方之前，首先要做好倾听者，加强与员工的沟通，然后再问‘为什么做不到’，通过‘5why 分析’，不断深挖。这样才能真正发现做不到或不想做的真因，发现‘怎样才能做得到’。”

在生产现场亦然，开展改善活动之前，应首先在现场实施问卷调查，询问大家的对策想法。这里**尤其应重视新来的正式员工、合约员工和临时员工的声音**。

因为待久了的员工会认为眼前的一切是理所当然的，看不到当下的问题。但从还未习惯该现场的员工的视角出发，反而会发现一些改善方案。

通过“横向贯穿”，打破派系主义，推进改善

“倾听现场的声音”这一思路，通过**“5大管理项目‘横向贯穿’各个工序”**的方式，也应用在了日常管理板之中。

关于工序，如果是汽车制造部门，就是焊接科、零件科、总装科、涂装科、设备科等各个科室的工作。

日常管理板基本围绕5大管理项目设定每个项目的工作方针，并为达成方针，付诸行动。其中，负责安全的员工，无论他属于什么科室，都负责整个制造部的安全。这就是“横向贯穿”的意思。

而且，**管理项目的要求位于工序之上**。否则，一旦单个项目的负责人员指出问题，也会被人用“我们科一直是这么做的”，即派系主义挡回去。

假如安全负责人隶属于焊接科，他也许会发现“这种情

5大管理项目“横向贯穿”各个工序

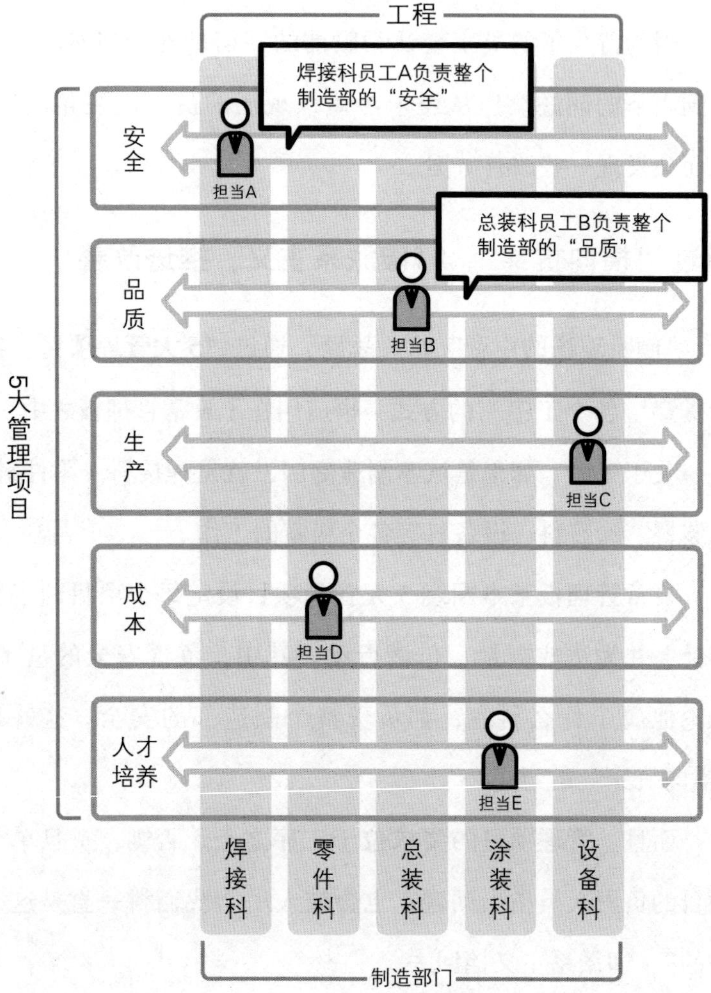

况下，焊接科会规定一边手指标志物一边发声确认，但涂装科不是，有受伤风险”。

就这样，通过站在外部视角，怀疑“理所当然的现状”，建立起引发思考的机制。

这样一来，我们就能理解丰田的“倾听”和“思考”机制无处不在了。在普及和固化日常管理板时也一样，管理者不可以单方面地灌输工作目的，听取现场的意见，让大家思考那样做的意义也很重要。

LECTURE 4

让员工意识到工作职责，可以助其成长

意识到职责后，可以拓展行动、拓宽视野

日常管理的“目的”，并非只是“这么做有什么好处”这种解决个别问题的眼前小利。

日常管理还鞭策大家**思考比解决个别问题更加重要的“工作职责”——“本部门的工作职责是什么？应该做什么”。**

培训员滨崎老师说“让员工深刻认识到自己的工作职责，十分重要”。

“用语言描述部门职责，不同的人会有不同的解读。让大家思考其深意，找到正确的方向，至关重要。

“这不仅意味着一切要朝着同一方向努力。

“即使是同一个人，随着对工作职责的思考和工作经验的加深，对职责的理解将不断发展。”

例如，在工厂里问员工“设备保全部的职责是什么”，如果是新人，应该会回答说“维护设备稳定运行，一旦发生问题，立即修理”吧。

但是，这就是设备保全部的全部职责了吗?

员工基于这种认识，应该会“一旦发现异常，马上停止设备运行”。这种判断本身是正确的，但如果站在更高的角度，可以考虑其他处理方法。

设备保全部是制造职能的一部分，整个制造部门的职责是“在规定的时间内，达成规定的产量”。

无须多言，产出不良，将得不偿失。但如果生产线负责人想“在午休前 20 分钟，但要持续运行设备，守住生产节奏”的话，也许就会多一个一边运行设备，一边查找问题原因，或采取应急方案的选择。

换言之，**加深对职责的理解之后，将不只关注做好眼前的工作，还会认识到对其他工序以及整个制造职能的影响，进而将设备保全部的职责深化为“支持整个制造职能”。**

可以说，职责并非限制员工行动的桎梏，而是一边作为判断标准，一边帮助大家拓展行动、拓宽视野的东西。

意识到职责，会有所成长

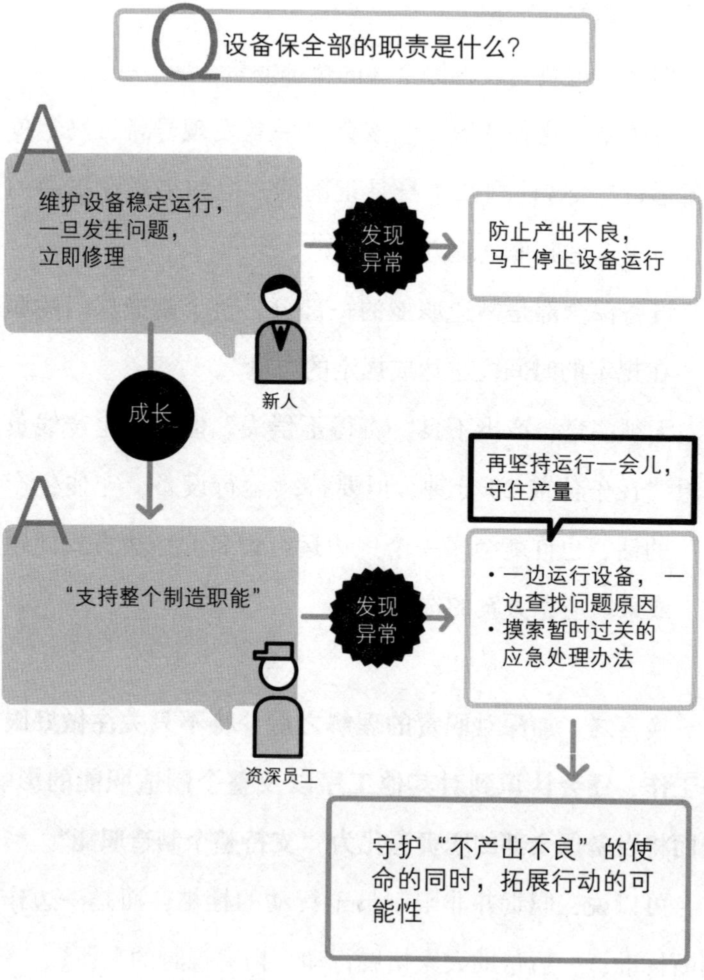

Q 设备保全部的职责是什么？
A 维护设备稳定运行，一旦发生问题，立即修理
发现异常
防止产出不良，马上停止设备运行
新人
成长
A “支持整个制造职能”
发现异常
再坚持运行一会儿，守住产量
·一边运行设备，一边查找问题原因
·摸索暂时过关的应急处理办法
资深员工
守护“不产出不良”的使命的同时，拓展行动的可能性

LECTURE 5 首先，管理者应深刻理解上层方针

理解了方针，判断就不会偏

大岛老师说，为了让现场员工灵活应用日常管理板，自主工作，首先管理者自己应深刻理解上层方针。大岛老师曾在丰田的元町工厂、堤工厂负责保全和改善等业务超过40年。

“有些管理者认为‘直接告诉员工上边的要求，让他们照做不就行了’。但这样管理者就只是个传话筒罢了。

“举个例子，如果经营层要求‘降低成本’，那么管理者必须首先思考其原因和意义，然后再传达给员工。

“管理者、一线员工理解了原因和意义之后，就会为了实现它，涌现出各种各样的方案。”

此外，大岛老师还指出，“不理解方针，则会因为所处情

境和心理状态的不同，导致判断偏差。充分理解了方针的背景，现场的判断就不会偏”。

说到这儿，我想起了一家丰田经销商的故事。

那时，4S 店突然来了很多车子爆胎的客人。一位客人说自己必须出远门，但车子用不了了，希望 4S 店帮他换条轮胎。

但不巧的是，那家店正好没有库存的轮胎了。一般来说，4S 店会一边解释道“实在抱歉，我们恰巧没有库存的轮胎了，恐怕无法为您更换”，一边小心地拒绝吧。

然而，那家店铺的员工将目光移到了展车上，然后开始卸掉展车的轮胎，为顾客换下那条爆胎。

客人留下“没想到你们会帮我换掉展车的轮胎，真是太感谢了”的感激之言后，离开了 4S 店。那台没有轮胎的展车，吸引了来店客户的诧异的目光。

客人在得知原因之后，皆称赞 4S 店的处理，并成为忠实客户。后来，这件事被口口相传，那家店变成了倍受欢迎的明星店铺。

这家经销商的方针是“客户第一”，那位员工的处理正是践行了这一方针。

看似不可思议的判断，却正是因为员工理解了方针内容及背景、认识到了方针的价值，才会如此选择，并且，最终有了回报。

LECTURE 6

规定担当人员，公布在日常管理板上

规定担当的好处

面对方针和目标，日常管理板明确规定“由谁”“在什么时间前”“做什么”。

培训员广老师说，规定担当人员，**有利于“落实检查工作”“提升责任感”“培养人才”。**

“在1天中有限的工作时间里，应检查项数量众多。光靠几个人是检查不过来的，所以需要建立一个大家共同分担、规定担当人员、切实实施检查的制度。

“这样一来，同事们知道彼此负责的内容，无法蒙混过关，所以必须负起责任，好好检查，漏检问题会逐渐消失。并且，由于检查项目区分了重要级别，因此可结合员工的技能和知识水平，规定由谁负责什么。

“这样做还可以催生员工的竞争意识，比如让员工觉得‘我比一起进来的同事更早负责这项业务!’‘我成为汇总检查结果的队长了!’

“换言之，**运用日常管理板，规定担当人员，可以在‘培养人才’的同时，为员工的‘晋升’开辟一条途径**。”

张贴日常管理板的好处

在办公室工作中，如果没明确规定“今天的必做之事”，工作很容易变得拖拖拉拉。

假如某调查公司制订了如下工作计划。

① 7 月第 1 周，市场部人员实施市场分析

②第 2 周，相关员工结成团队，准备文章和图表资料，确定报告结构

③第 3 周，合约员工汇总成 PPT 资料

毋庸置疑，这样可以促进各部门遵守“由谁”“在什么时间前”“做什么”的计划，同时，通过记录在白板上并张贴出来，让全员相互掌握工作进展。

在这个过程中，为避免周五才发现“负责的业务没完成”的问题，管理者可以在每周三确认工作进展。

当然，伤及员工体面的问题应该私下确认，但日常管理板应留下工作进展和困难等员工的汇报与沟通事项，以及管理者提出的建议等记录。

管理板人人可见，**管理者和负责可以学习到不同的新“知识”，**比如可以从中获得其他参考信息。

此外，大家还可以看到最开始市场部是如何工作的。对于未来想转岗到市场部的同事来说，可以学习营销人员的工作方法。

规定担当人员的好处

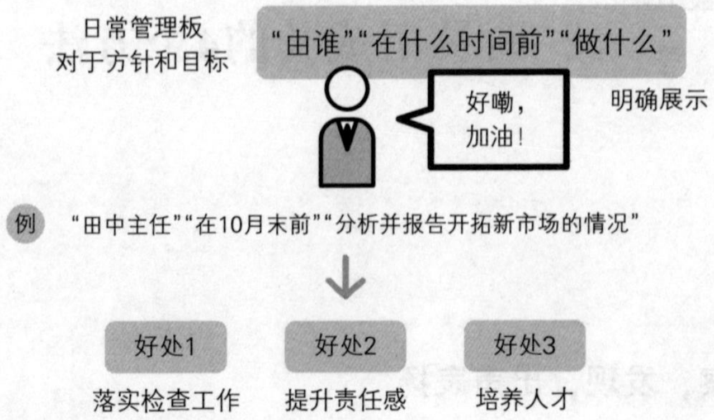
日常管理板
对于方针和目标
“由谁”“在什么时间前”“做什么”
好嘞，
加油！
明确展示
例
“田中主任”“在10月末前”“分析并报告开拓新市场的情况”
好处1
落实检查工作
好处2
提升责任感
好处3
培养人才

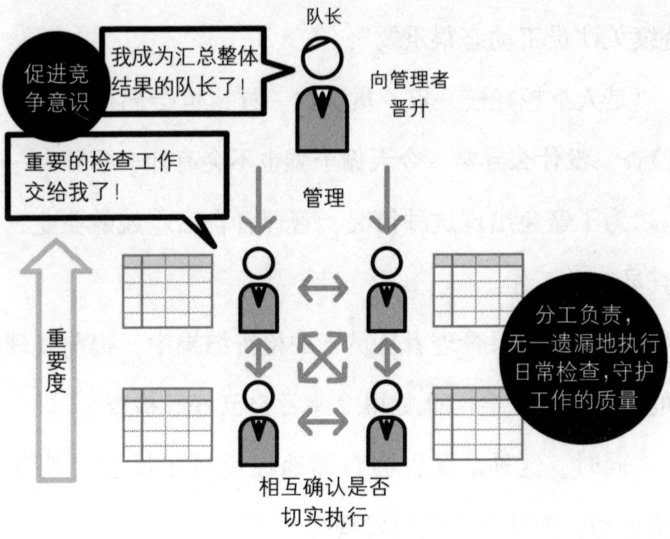
队长
促进竞争意识
我成为汇总整体结果的队长了！
向管理者晋升
重要的检查工作交给我了！
管理
重要度
分工负责，
无一遗漏地执行
日常检查，守护
工作的质量
相互确认是否
切实执行

LECTURE 7

助员工成长的4个方法

观察，发现，出声表扬

曾在丰田的田原等工厂一直从事总装工作的森川老师说，“持续关注员工动态很重要”。

“是人都想轻松一点。员工也一样，也会偶尔觉得‘每天都检查，没什么异常，今天偷个懒也不会有什么事吧……’。

“为了避免出现这种情况，管理者自己应兢兢业业，每天检查员工的工作。

“而且，如果管理者从员工的检查结果中，提前发现了问题的征兆，员工会因此觉得‘幸亏自己好好检查了’。

“同时，这种情况也会自然地促使员工反思‘明明是自己检查的，为什么自己没发现呢’。

“此外，人人都希望努力后获得表扬。”

“对每天兢兢业业实施检查的员工说一句‘坚持得好，谢谢’，管理指标提升后，表扬一句‘做得不错，很棒’，这种鼓励很重要。”

同理，李原幸昭（MOKUHARA SATIAKI）老师曾说过，“要让日常管理根深蒂固下来，需要管理者的密切参与”。李原老师任职于丰田时，不仅在日本国内，在英国工厂也培养了大量人才。

“引入日常管理，大家的第一印象通常是‘像被监视似的，好烦’‘一直没业绩，怎么办’等。

“但渐渐有了成果之后，人们的心态会变成‘数据变好了，快来看’‘希望有人认可自己的业绩’等。

“最开始普及日常管理时，应该不厌其烦地说明和解释。有了成果之后，绝不可放过任何一次表扬的机会。”

与“表扬”并用的3个方法

曾在丰田担任两万人团队的干事长、培养了大量人才的中山老师承认表扬指导法的重要性，同时表示“仅仅这样还不够”。

“仅仅在达成目标后，表扬大家坚持到底的努力是不够的。

“指导大家靠自己的力量解决问题，还需要巧妙地应用‘批评’‘委任’‘促进竞争’。没做好规定工作，就加以批评，指定担当人员后，用人不疑地委任他，让他担起责任，并促进员工良性竞争，这样可以激励大家的上进心。应密切关注员工，激励员工，并助其成长。”

如众多培训老师异口同声强调的那样，让日常管理板根深蒂固的关键，是“洞察员工的心，然后采取适当的行动”。

通过“表扬”“批评”“委任”“促进竞争”的方法帮助员工成长，持续关心和跟踪员工的情况，非常重要。

LECTURE
8

领导的真心带动现场

领导行动起来之后，现场也会随之而变

“其实，丰田也用了很久才将日常管理板渗透普及开来。”内田老师说。

“丰田开始应用日常管理板是在2000年之后。因始于元町工厂机械部的尝试取得了成功，所以公司决定将日常管理板横向展开到其他部门。但由于领域不同，认知也不同，所以渗透普及的工作并不顺利。

“曾任职于生产调查部的沼毅（NUMATAKESI，现任丰田纺织社长）出任元町工厂的总装部部长时，为日常管理板的普及带来了转机。生产调查部负责在各处现场推进改善，是丰田的代表性部门。拥有丰富的职场经验的沼毅部长带领大家，将日常管理板落实到生产现场。

“沼毅部长聚集了200多名班长，站在大家面前亲自解释了部门方针，宣布势必要将日常管理板普及固化下来。然后，他定期检查部门方针是否已分解到科室方针，以及各科室是否为了达成方针切实采取行动。”

亮出“领导的真心”后，日常管理板真的马上就普及渗透到整个部门之中了。“应用日常管理板，各处现场主动发现并解决问题”的目标很美好，但绝不是交给现场、放任不管就能实现的。

有位培训老师说：“**自下而上的自发行动不会自然而然地发生**。需要厂长等领导频繁视察现场，播撒自发工作的种子。”

管理者应抱有“执念”

如果只在本部门开始一项尝试，我们无法期待得到前文所述的经营层领导的积极引导，但我们可以模仿“动真心”的做法。

森川老师说，**管理者是否内心对日常管理抱有“执念”，非常重要**。“执念”，也是人们评价CHAPTER 3介绍的“改善之鬼”——大野耐一时，经常用到的词语，旨在说明大野耐一一旦发现不良，无论多么小的问题，也定要让现场彻底找出真因。

管理者在现场推广日常管理时也一样，怀有“日常管理板一定对员工和部门都有利”的执念，非常重要。

引导员工不放过任何一件小事，主动思考，不断积累成功经验。若被经营层领导发现并认可，员工本人定会非常高兴，作为员工上级的管理者也会倍感骄傲。

建立这样一个良性循环，是运用日常管理板的关键。

LECTURE 9

模拟分析工作培养“思考能力”

手动记录有其意义

丰田非常重视“手动”模拟分析。

因为他们认为动手思考可以提升智慧、催生创意、锻炼思考能力。

日常管理板也重视手动分析。将采集的管理指标数据转换成图表的工作，就是手动绘制的。

下面介绍一个案例。

丰田除了日常管理板，还有一个被制造一线广泛应用的“生产管理板”。

生产目标是“今天生产〇个”，生产管理板指设定每小时的目标生产数量，然后检查是否达成目标，并手动记录的管理板。

生产管理板

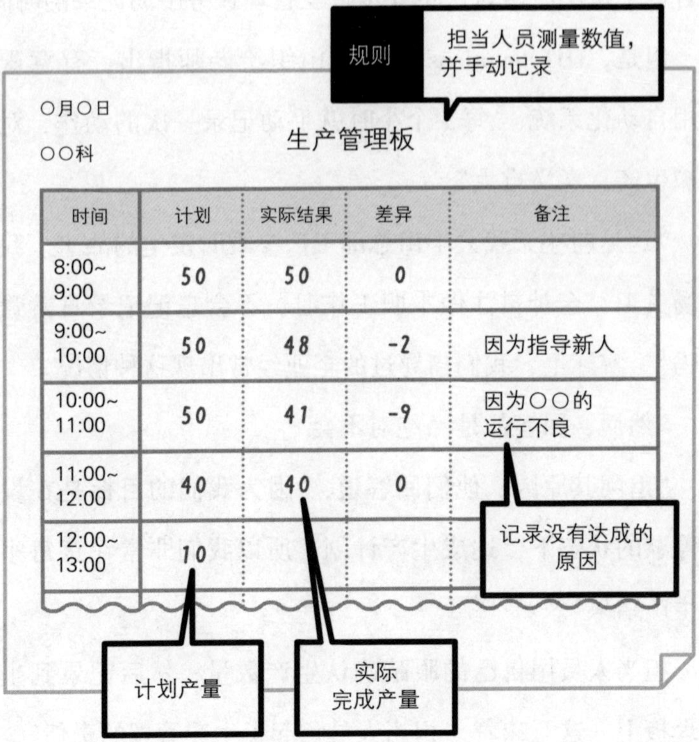
规则
担当人员测量数值，并手动记录
○月○日
○○科
生产管理板
时间
计划
实际结果
差异
备注
8:00~9:00
50
50
0
9:00~10:00
50
48
-2
因为指导新人
10:00~11:00
50
41
-9
因为○○的运行不良
11:00~12:00
40
40
0
12:00~13:00
10
记录没有达成的原因
计划产量
实际完成产量

其实，如今存在自动测量并记录每小时生产数量的系统。听到这儿，可能大家会觉得应用自动化系统可以提升效率，节省员工每小时确认产量并步行至管理板旁手动记录的时间。

但是，OJT Solutions 的野野山织绘老师指出，有意避免使用自动化系统、“每 1 个小时就手动记录一次的动作，对于守护生产，意义重大”。

“这是前些天我去丰田总部工厂参观时发生的故事。我问现场员工‘全神贯注做本职工作时，不会忘记记录日常管理板吗’。实际上，我们指导过的企业经常出现这种情况。

“然而，回答却是‘绝对不会’。

“追问其原因，他们回答道，‘因为我们的目标是在设备不停歇的状态下，达成生产计划，所以我们非常在意每小时的生产结果’。”

担当人员用自己的眼睛确认生产数量，然后记录到生产管理板上，这意味着“担当人员负起了生产管理的责任”。

而如果由系统进行管理，即使要求大家每小时确认电子显示板上的产量，没有了记录义务的现场员工们也会逐渐忘记去看吧。

正因为有了“担当人员每小时记录”这一工作过程，大家才会经常注意现场有无异常，才会在没有达成目标时，马上思考原因，检查设备状态。

模拟分析工作培养了“发现变化的眼睛”

手动记录生产管理板，如第 167 页的图，可以发现 9 点到 10 点之间，“由于向新人介绍情况，所以工作出现轻微延迟”，10 点到 11 点之间，“产量急剧下降，立即展开调查后发现，‘○○位置有轻微运行不良’等问题”。

如果只是暂时的设备运行不良，之后自然会恢复。大家一直没有发现这一不稳定因素的话，设备可能会在未来的某一天，突然停止运转。

长此以往，将问题防患于未然的能力和改善问题的能力将越来越弱。

“问题就在眼前时，反而很难想到‘到底是什么原因’‘如何解决’。”（野野山）

从记录开始参与，培养守护生产的意识。

仅仅将结果展示在某处，人们无论路过多少次，都不过是一扫而过。

而模拟分析工作可以培养善于发现变化的眼睛，自然而然地促进大家思考解决方案，提升达成目标的意识。

办公室工作亦然。

让员工思考自己每天是如何工作的，是提升工作质量的关键。

手动记录，促进共同思考

如前文所述，员工在日常管理板中，会手动将测量的管理指标数据绘制成图。这种手动记录的方法对模拟分析工作也有帮助。

如果从多角度收集数据并转换成图表的需求出发，通过自动化系统或电脑软件记录、管理数据，自动生成图表的做法更便利。

但是，丰田的日常管理板更重视大家一起思考“如何绘制清晰易懂的图表，让现状一目了然”。在这个过程中，也许最初大家觉得是个好点子，但并不一定可以一次成功，需要反复试错。**如果交给自动化系统或软件管理，即使开始时大家一起思考数据的展示方法，最终也很容易变成熟悉系统之人一个人的工作。**

此外，在收获改善成效、数据变好之后，需要增加或替换管理项目，如果采用系统或软件管理，还需在修改设置上花时间。

还有最重要的一点，**如果没有每天“记录数值”“绘制成图”的手动作业，大家会越来越不关心数据，现场将无法形成发现新方法的“思考能力”。**

而且，正因为是手绘的日常管理板，员工们简单地画张图贴在上边，就可以找领导汇报或商量了。管理者如果有想传达的事项，找一处空白，写上去就好了。以轻松明快的节奏加深沟通，现场的工作热情会不断提升。

这种便捷和及时性，也不失为一个优点。

LECTURE 10

为何日常管理板应醒目地张贴在墙壁上？

数字化不可比拟的好处

让我们尽可能使用相当于几张普通模造纸的大纸张，制作日常管理板，然后张贴在墙壁上吧。

第 1 个原因如 CHAPTER 2 所述，“促进向其他部门横向展开”。

第 2 个原因更加重要，比起系统或软件管理数据，这样做更利于把握整体。

电脑显示器上只能同时看到两三张图表。

如果把日常管理板张贴在墙壁上，一眼就能总览全部管理指标，**从“横轴”“纵轴”两个角度实实在在感受改善效果**。这是很重要的一个优点。

如 CHAPTER 1 日常管理板模型图（第 017 页）所示，横轴是“5大管理”。CHAPTER 3曾介绍过5大管理相辅相成。例如，品质改善向好，那么品质的改善效果也会逐渐扩散到生产、成本等其他因素。通过观察日常管理板，可以清晰地了解这一变化，从而让员工感受到工作成果，获得成就感，坚定今后继续努力的决心。

另一方面，横轴记录了从方针、管理指标，到现场改善和解决问题的一系列工作。醒目地张贴日常管理板的另一个好处是，可以随时提醒员工“面对工作方针，自己每天应为了什么目标而奋斗”。

成为个人和团队发展的兴奋剂

在丰田，常常可以听到这样一句话，**“从高两级的角度看事情”。**

例如，班长站在比自己高两个级别的工长，而非高一级的组长角度看事物；组长站在高两级的科长，而非工长的角度考虑事情。

展示了科室方针、部门方针等终极工作方针的日常管理板，恰恰体现了这一点。在电脑显示器上，不滑动鼠标就无法看到全貌，但如果用大大的纸张张贴出来，便可一目了然，远远的也能引人注意。

将日常管理板醒目地张贴在墙壁上，还有一个不可忽视的理由，那就是**“创造交流”。**

面前有一张管理板，大家会自然而然地驻足观看。一个人正看着，另一个人也来了，很自然地产生了交流。电脑管理数据，很难发生这种交流。因为一个人操作电脑时，旁人不知道他是正在记录和分析日常管理数据，还是在干别的事情。

有时有人驻足在日常管理板前，看着数据发愁时，领导或同事会过来给他一点解决问题的头绪。有时即使本人不在场，但只要把问题留在日常管理板上，有思路的同事就会给一些回应。

就这样，通过反复交流，促进大家掌握解决问题的工作方法，培养主动解决问题型人才。

LECTURE 11 也可以用白板制作日常管理板

不产出无法成为“资料”的“死料”

受制于公司环境，有时可能无法在墙壁上张贴日常管理板。遇到这种情况，不妨应用白板。

白板虽然尺寸有限，但有**可自由移动的优点**。丰田公司在会议或早会中，会将白板拉到人群中，进行说明。

应用白板的优点不止于此。

为所有参会人准备资料，需要付出制作时间和纸张成本，还需要打印并装订。

然而，花时间精心准备的资料，常常只是在会议中被参会人草草扫一眼，就被丢到碎纸机里。丰田称这类资料为“死料”“纸料”（死料和纸料日文发音与资料相同）。

记录在白板上的日常管理板，汇集了全体人员要挑战的重点课题数据。

如果是针对管理板中已有内容的讨论，把白板拉到参会人面前直接说明就可以了，无须准备其他资料。

此外，在白板前集合开会，一定是站着讨论，这样可以节省会议时间。

实践！

编辑部的尝试审阅“线上日常管理板”！

对于网络远程办公程度较深的企业而言，在墙壁上张贴日常管理板，或者应用白板的做法越来越不现实。

其实，负责本书的编辑部就是这种类型的团队之一。主编 Y 在陪同采访培训老师的过程中，被日常管理板的魅力所吸引，于是开始将日常管理板应用在自己的管理工作中。

听闻他们取得了巨大成效，为了解远程网络办公类型的公司是如何应用日常管理板的，我们反过来采访了编辑部。

主编 Y 之言

出版书籍，基本遵循如下工作流程。

(1) 主编 基于过去的成绩和公司方针，制订销售额计划。

(2) 编辑 读取市场需求，策划出版计划。

（3）编辑 选择候选作者，咨询意向。在得到肯定的答复后，细化出版计划。

（4）主编 与上司和下属编辑展开沟通，选定有利于达成销售额目标的出版计划，并决定每个出版计划的销售额目标和发行时间等。

（5）编辑 选定作者、设计师、插画师、摄影师、校对人员、印刷公司等，并发包。

（6）编辑 制订①采访，②执笔，③编辑，④书籍设计、插图制作、照片拍摄，⑤文字校对，⑥印刷、装订成册，⑦发行的日程计划，并按计划推进。

我们的工作聚集了策划书籍的编辑、作者、设计师等各种各样的创造型人才。我们尊重每个人的工作方式，但却经常发生临近截止日期才发现进度延迟，导致无法达成年度销售额目标的情况。

因此，我制造了与编辑每周 1 次的沟通机会，管理日常工作进展。

那是在新冠肺炎疫情发生之前，远程办公还没成为热议话题的时候。编辑们经常外出采访或开会，临时外出或回来的情况非常普遍。于是，我在团队间共享谷歌 Spreadsheet，开始了自己的应用日常管理板之路。

谷歌的 Spreadsheet，简单来说就是谷歌公司提供的在线电子制表软件。有权限的人可以访问、实时共享，以及同时修改。

我在制作自己的日常管理板时，注意尽量减少需要记录的项目数量。为了让大家毫无负担地应用日常管理板，我将管理项目精简为 4 项，具体为①日期，②销售额管理，③外部工作人员，④点评。

每个管理项目的要点如下。

①日期　只聚焦管理两个日期，即书籍的完成日期和发行日期。

②销售额管理　提醒编辑时刻保持“不仅策划本身要精彩有趣，还要贡献收益”的意识。因此，我要求编辑记录书籍发行前的“销售额预测”和“3 个月后的实际销售结果”，并进行回顾反思。

这样可以及时把握销售情况，如果销售额不及预期，可以提早应对，例如将下一年的畅销系列提前到本年度发行。渐渐地，我们不用再为期末达不成目标而慌乱着急了。

③外部工作人员　编辑容易接纳爱干活、好说话、跟自

己合得来的人。但偶尔会出现一些不适合该项目的人员。

项目本身与外部工作人员是否匹配，左右着书籍的完成水平和销售结果。因此，我不再完全交给编辑一个人做判断。作为主编的我，开始尽早介入，检查这项工作。

④点评 这里记录应相互提醒的注意点，很明显的一个优点就是“不用纯靠记忆”了。

例如，我和编辑常常同时忘记“是否与新的第三方工作人员签好合同”等细节，不得不重翻以前的邮件。

即使是重要的工作，“如果能放在后边做”，就很容易拖延下去，所以我将这些内容留在点评栏中管理起来。

此外，**导入日常管理板最大的优点是，“作为管理者，可以向编辑们清晰表明自己重视什么”。**

有了①日期，②销售额额管理，③外部工作人员，④点评这4项，足够支持作为主编的我完成“管理整个编辑部”的工作。

此外，明确了管理项目之后，编辑们为了获得好评而过于精雕细琢的计划书，变得更加合理了。拜日常管理板所赐，书籍的策划提案越来越多，甚至有些编辑手上已握着未来三年的出书计划。

就这样，即使在线上应用，即使管理项目很少，也可以有效利用日常管理板，获得丰硕的成果。

【培训老师的审阅 & 建议】

首先，您明确自身的管理目的，精简管理项目，最终取得了巨大的成效，真是太棒了！选择见效快的项目，开始应用日常管理板，是非常好的思路。

如果今后能改善如下内容，可进一步提升日常管理板的效果。

【要点 1】对比计划与结果

在①日期和②销售额管理方面，现在只记录“结果”。而日常管理板的要点在于，记录并对比“最初制订的计划”与“实际工作结果”。

请先将①采访~⑦发行的日程计划，作为“正常”计划记录在日常管理板上。

然后对比计划，将实际延迟情况，作为“异常”结果记录进去，研讨挽回方案。

在销售额管理方面，记录“销售额预测”与“3 个月后

线上日常管理板

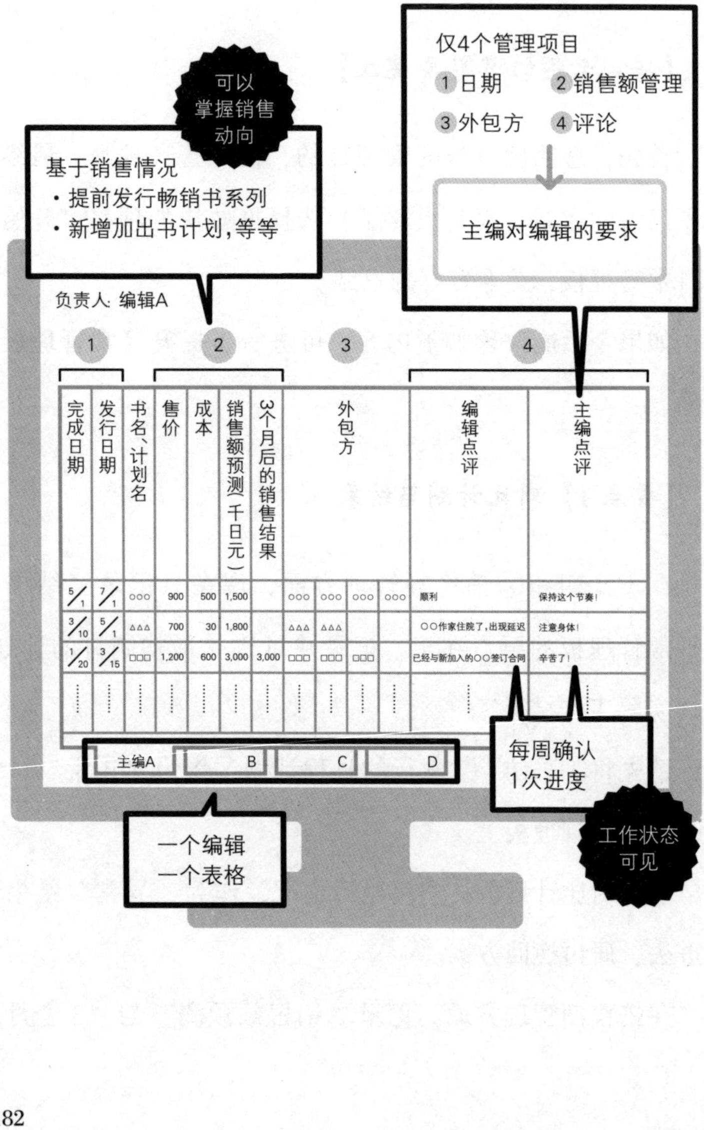
仅4个管理项目
1 日期
2 销售额管理
3 外包方
4 评论
主编对编辑的要求
可以掌握销售动向
基于销售情况
·提前发行畅销书系列
·新增加出书计划，等等
负责人：编辑A
1
2
3
4

完成日期	发行日期	书名、计划名	售价	成本	销售额预测（千日元）	3个月后的销售结果	外包方				编辑点评	主编点评
5/1	7/1	○○○	900	500	1,500		○○○	○○○	○○○	○○○	顺利	保持这个节奏！
3/10	5/1	△△△	700	30	1,800		△△△	△△△			○○作家住院了，出现延迟	注意身体！
1/20	3/15	□□□	1,200	600	3,000	3,000	□□□	□□□	□□□		已经与新加入的○○签订合同	辛苦了！

主编A
B
C
D
每周确认1次进度
工作状态可见
一个编辑一个表格

的销售结果”，对比计划与结果的做法很不错，同时不妨对比一下“售价”和“成本”。

在执行计划的过程中，偶尔会出现不得不增加页数和插图，或印刷用纸单价突然上涨，导致成本增加的情况。应记录基于实际情况的判断结果，即维持售价下调利润，还是保证收益提升价格，与计划进行对比。

【要点 2】将日程计划“可视化”

记录①采访～⑦发行的计划与结果时，不要单纯记录日期，应参考第 184 页的图，可视化地展示各个阶段。这样一来，工作是如期进行（=正常），还是出现了延迟（=异常），就一目了然了。

“线上日常管理板”的改良建议

要点 1 | 对比计划与结果

● 销售额管理

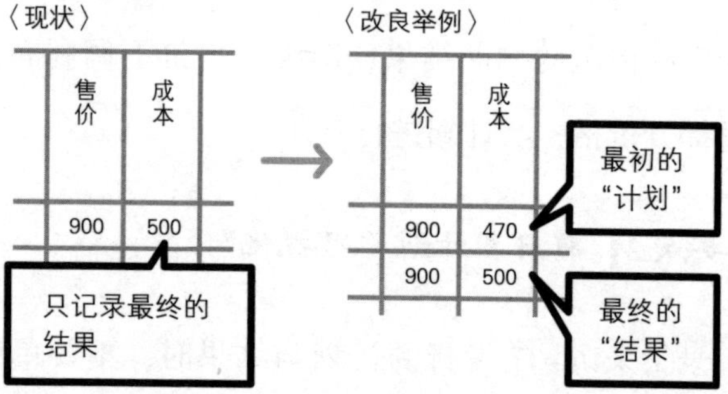

要点 2 | 将日程计划“可视化”

● 日期

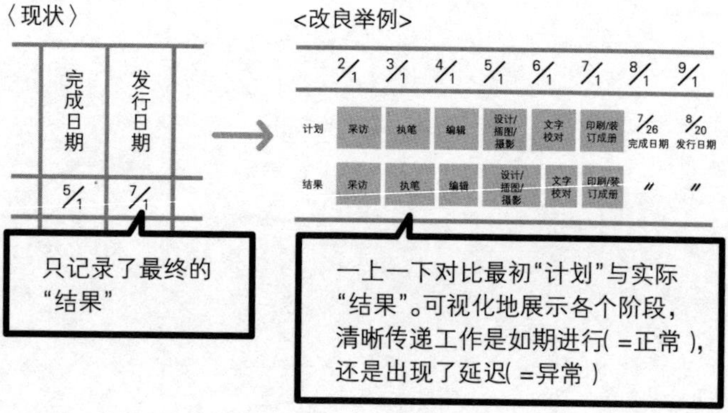

CHAPTER 5 小节

• 管理者应在日常工作中，提升与员工之间的关系，让大家在理解并认同日常管理板的意义、价值的基础上，开展工作。此外，应让员工实际体会到日常管理板的效果，例如解决了问题就可以提升管理指标，保持团队的工作热情。

• 日常管理板明确了“由谁”“在什么时间前”“完成什么”，指导大家对工作质量负责。与此同时，日常管理板还可以培养员工的竞争意识，促进人才发展。

• 区分应用“表扬”“批评”“委任”“促进竞争”，帮助员工成长。

• 将日常管理板张贴在墙壁上，可以获得如下成效：①促进向外部门横向展开；②实实在在感受成果；③成为“交流之地”，培养追求更高目标的人才。

• 手工绘制日常管理板，可以催生创意，锻炼思考能力。

CHAPTER3介绍了部门方针和目标的设定方法，本章将从上层公司方针和现场实情出发，详细介绍如何设定部门方针和管理指标。

CHAPTER 6

方针管理〈应用篇〉通过方针管理，实现差异化

此外，为了加深理解，笔者将一边对比丰田公司解决问题的方法，一边介绍如何进行方针管理。最后，介绍如何应用方针管理和日常管理两个方法实施现场管理，即管理者统率现场的必要条件和诀窍。

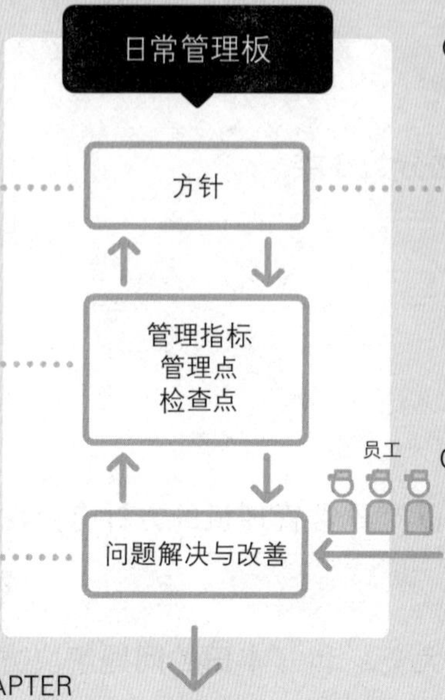

LECTURE 1

通过丰田的“3个问题解决”，发现课题

何为“3 个问题解决”

丰田将解决问题的工作方法分为 3 类。

①解决发生类问题

②解决设定类问题

③解决愿景导向类问题

结合“3 个问题解决”，可以对日常管理板的方针有更深刻的理解。

此外，《丰田基本工作方法大全》和《丰田的问题解决方法》（皆出自 KADOKAWA）也介绍了“3 个问题解决”，望感兴趣的读者朋友参阅。

何为“问题”

首先，什么是“问题”呢？

丰田**将问题定义为“应有状态”和“现状”之间存在差距的状态**。

一句话解释“应有状态”，就是团队的理想状态。“应有状态”和“现状”的差距，就是应解决的“问题”。

朦胧间觉得“这样就差不多了”，绝不是“应有状态”。**“应有状态”设定应达成的目标或标准等具体形态，然后不断将现状向“应有状态”靠近**。

然而，因部门不同，甚至是部门内部的立场不同，大家对应有姿态的理解也各不相同。

既有认为“每天工作顺利运转，现场秩序井然，就是理想状态”的管理者，又有认为“管理者之间深入共享现场信息，建立合作机制更加重要”的总监和监督管理人员。

虽然，“应有姿态”因视角高低、视野宽窄的不同而变化，但解决问题的思路是共通的，即找到问题的根本原因(真因)，实施对策，将现状向“应有姿态”靠近，最后推行标准化，固化工作效果。

何为“解决问题”？

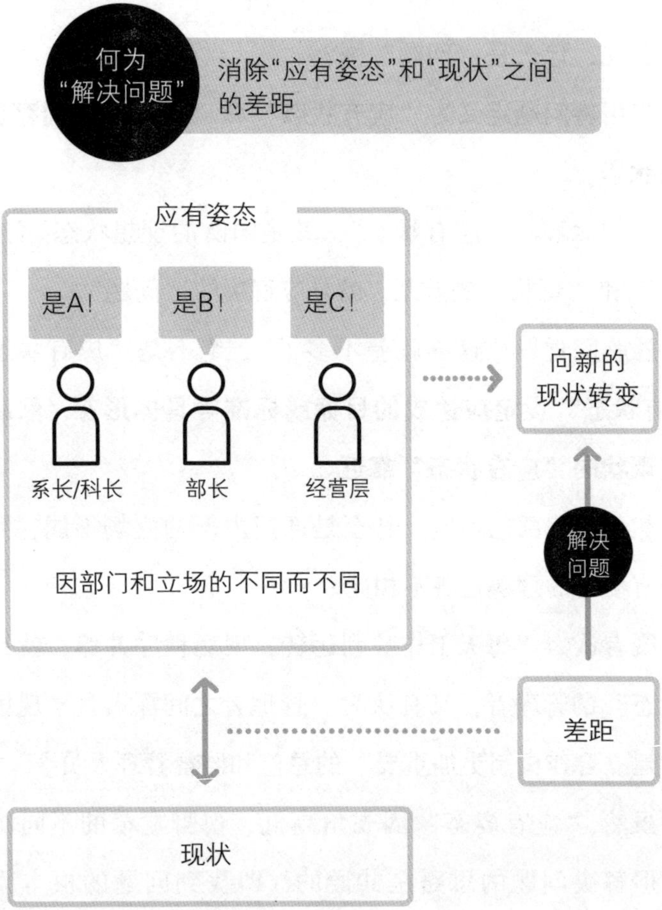

何为“解决问题”
消除“应有姿态”和“现状”之间的差距
应有姿态
是A！
是B！
是C！
系长/科长
部长
经营层
因部门和立场的不同而不同
向新的现状转变
解决问题
差距
现状

①解决发生类问题

指解决已经显现的问题。

例如，解决

“人员配置不合理”

“资料失误多，返工多”

“处理客户抱怨的时间比预期长”

等问题。

然而，人们并非总能发现已发生的问题。当事人意识不到已发生问题，继续向前工作的情况时有发生。

正因如此，思考“应有姿态”，意义重大。

例如，某一商品的完成“品质”参差不齐，生产部门借口说“充满手工感不好吗”。

如果顾客也觉得产品充满魅力，当然没问题。店铺里摆放着各种各样的表情的商品，客人从中挑选最心仪的一个，确实不失为一种美妙的购物体验。

但是，在网络购物中，如果顾客因网上的照片与实际送来的产品不一样，而心生反感的话，产品的“参差不齐”就会成为客户抱怨的元凶。

反复追问“商品完成状态参差不齐是‘应有姿态’吗？真的是我们追求的商品状态吗？能为客户带来价值吗？是顾客期待的吗？”之后，问题将浮出水面。

综上所述，无论是否已经发现问题，都强调从“应有姿态”的差距出发，觉察并解决已经发生的问题。

②解决设定类问题

指已实现当下目标，暂时没什么问题，进一步向更高级别的“应有姿态”发起挑战，为达到“应有姿态”，主动发现并解决问题。考虑到内外部环境的变化，为将来未雨绸缪，先发制人，也归为此类。

例如，

“现在的打印用纸量已经满足要求。

“但是，为了防止公司突然转变为远程办公，实现向远程办公的顺利过渡，积极推动无纸化办公，挑战一年后的打印用纸量削减至三分之一。

“本年度每月可以稳定达成营业额目标。

“但是，考虑到来年法规变化将导致营业额下滑，所以，为了保证现金流，将第三季度的营业额提升至 1.2 倍。

“目前员工的质量和数量都是足够的。

“但是，两年后将迎来退休高峰期，所以，在年末前，应修改社会招聘和毕业生招聘计划，修订培训制度。”

放眼半年至 3 年的短期未来，积极寻找距离“应有姿态”的差距，提前发现并解决问题。

但由于挑战的是“还不是问题”的问题，管理者若自行决断“应有姿态”，将很难执行下去，因此获得领导、公司的认可和支持，是解决设定类问题的基本。

③解决愿景导向类问题

解决愿景导向类问题，是解决设定类问题的延伸（丰田现在称之为“解决目标导向类问题”）。

对比设定类问题描绘的是短期未来的“应有姿态”，愿景导向类问题放眼于中长期未来，站在世界经济和社会形势等更高的视角，设定未来的“应有姿态”。从世界经济和社会形势等大“背景”出发捕捉愿景导向类问题，这是解决愿景导向类问题与解决设定类问题的最大区别。

对于所谓“背景”，丰田公司关注如下内容。

“未来世界经济形势将如何变化？”

“全球汽车行业的现状如何？未来将如何变化？”

“SDGs 等新潮流将会带来什么影响？”

此外，通过报纸和新闻等了解前沿信息，扩展视野，在具备了分析外部大环境的能力之后，思考

“丰田的理想状态”

⬇

“本部门的理想状态”

⬇

“自己应该怎么做”

即层层向下思考，直到问到自己这一层，最终找到符合愿景导向类问题的挑战主题。

LECTURE 2

理解“3个问题解决”与“方针”的关系

“3 个问题解决”紧密相连

上文介绍的**“3 个问题解决”的根本差别，仅仅在于“应有姿态”覆盖的时间长度和空间大小**。

解决发生类问题设定当下的“应有姿态”，解决设定类问题设定短期未来的“应有姿态”，解决愿景导向类问题设定中长期未来的“应有姿态”。

在解决各类问题时，管理者站在各自的立场，思考“差距是什么，应解决什么问题”。

此外，由于不同“应有姿态”挑战的课题等级不同，所以通常来说，一般员工~系长主要学习并实践解决发生类问题，科长~部长主要学习并实践解决设定类问题，部长~经营层主要学习并实践解决愿景导向类问题。

但是，这并不意味着“一般员工与解决愿景导向类问题毫无关系”。

其中有两层意思。

一层是，并非只有经营层负责从世界经济和社会形势等更高的视角，分析未来的“应有姿态”。

例如，负责开发商品的员工认为“挺进新领域才是公司的发展之道”，所以他基于解决愿景导向类问题的方法，提出“应有姿态”，“提案利用公司优势，制作划时代新产品，向新领域进发”。

另一层是，如前文所示，实现愿景导向类问题的“应有姿态”，需要将课题分解到各自的职务中，即需要揣摩“自己应该做什么”。

换言之，解决愿景导向类问题，需要在执行阶段，将其转换为解决设定类问题和解决发生类问题。

例如，在刚才的例子中，销售部和人事部部长、科长决定“为进入新领域做准备，定期召开销售岗的培训学习会，提前储备知识，提升能力”。这就是将上层“应有姿态”转换成解决设定类问题的例子。

在生产一线，系长和一般员工思考后认为，“目前挑战削减不良的对象零件可以用于新商品，所以应提前达成目标”，这就是将解决愿景导向类问题进一步转换成解决发生类问题的例子。

综上所述，为了**突破创新、实现公司的未来蓝图，各个层级的努力是必不可少的，需要各层级不断解决日常工作中的问题**。

“丰田将改善视为根本”，并非仅仅是为了提升工作效率，削减成本，还因为他们知道系统化解决问题的思维能够催生企业的创新力。

此外，在实际解决问题的过程中，上文介绍的“解决问题的 8 个步骤”是通用的，并非问题类型不同，解决问题的手法就不同了。

正因为如此，大部分培训老师进入客户公司后，首先会从“当下的苦恼”开始改善，然后按照发生类→设定类→愿景导向类的顺序，指导解决问题的方法。

综上所述，“3 个问题解决”无论从实际工作角度，还是培训学习角度，都是紧密相连的。

"3个问题解决"紧密相连

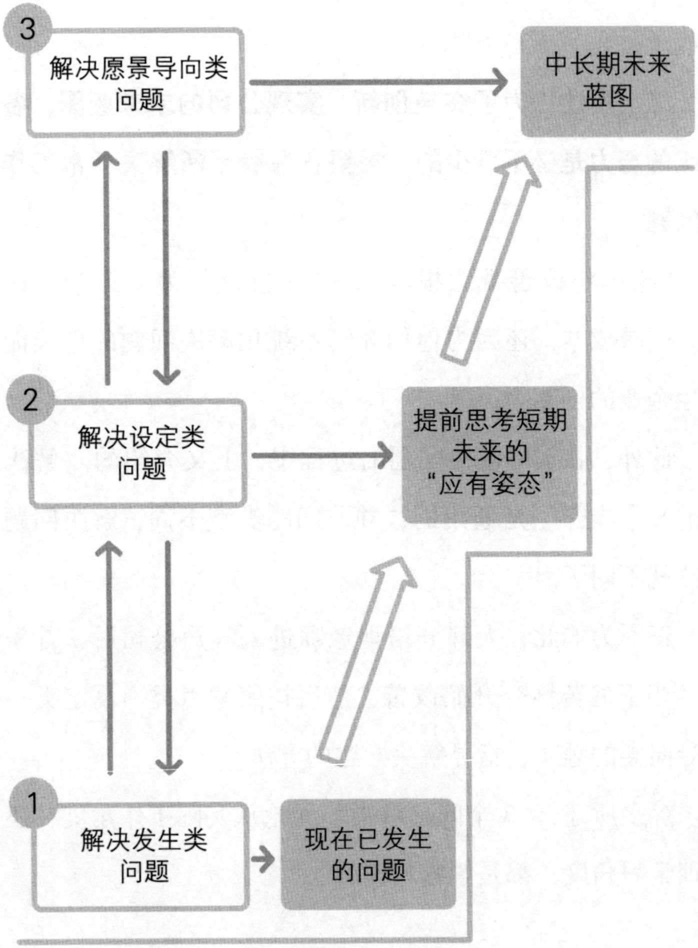
3
解决愿景导向类问题
中长期未来蓝图
2
解决设定类问题
提前思考短期未来的"应有姿态"
1
解决发生类问题
现在已发生的问题

“3 个问题解决”与方针管理的表里关系

3 个问题解决与设定日常管理板的方针、目标，即“方针管理”，紧密相关。

本书在日常管理板的实践案例和制作方法中，展示的主要是“如何改善当下的苦恼”，几乎全部属于“解决发生类问题”。

然而，如 CHAPTER 1 所述，日常管理板的终极做法是“将公司方针分解为部门方针，朝着经营层挑战的方向努力”。

从公司管理的角度出发，愿景导向类问题设定的“应有姿态”描绘了公司未来的蓝图，正是写在日常管理板最上层的“企业愿景”“公司方针”。

各部门最开始设定方针时，可以从部门内部的小问题着手，但最理想的做法是，从上层公司愿景和公司方针出发，按层级顺序，逐渐分解到部门方针、科室方针。

上文介绍解决设定类问题时，笔者写道：“获得领导、公司的认可和支持，是解决设定类问题的基本。”想必读者朋友们已经领悟到这与“各部门应基于上层方针设定部门方针”是同一个意思。

细细咀嚼上层方针，并将其转换成适合本团队的方针，是管理者的重要工作。

“3个问题解决”与制订方针

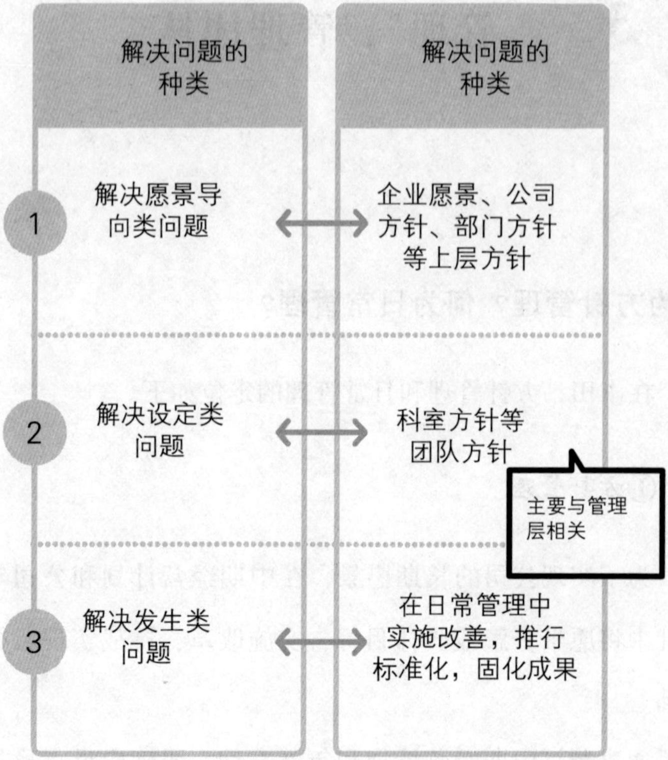

LECTURE 3

通过“方针管理×日常管理”，管理团队

何为方针管理？何为日常管理？

在丰田，方针管理和日常管理的定位如下。

①方针管理

为了实现公司的长期愿景，在中期经营计划和公司年度方针中将愿景分解成具体目标，实施改革，挑战实现目标的活动。

通过制订中期经营计划和年度方针，明确应重点挑战的课题。公司领导及全体员工基于自身立场，设定各自的目标，提出解决问题的方案，制订具体实施计划，并按计划开展工作。

然后，在各工作节点，检查和跟踪工作进展，即推进管

理的“PDCA”，强化企业综合实力，这就是丰田定义的方针管理。

②日常管理

相对于方针管理，日常管理是通过改善、固化工作机制和成果、维持正常工作状态的活动。

对比方针管理实施“PDCA”，日常管理可以表述为实施“SDCA”循环。“S”为Standardize，即“标准化”。

日常管理要求管理者督促全员每天开展维持正常工作状态的“标准”作业，如每天实施开工前检查，并检查、跟踪大家的工作情况。

日常管理打造根基，方针管理挑战高度

日常管理可助力实现公司愿景，但仅仅靠日常管理，并不能及时获得巨大效果。而且，日常管理主要聚焦于已发生的问题，不着眼未来，所以存在无法应对环境巨变的风险。

而仅仅依靠方针管理，即使实现了当初设定的高目标，也可能只是暂时的胜利。

例如，公司虽然制订了问题解决机制，取得了成效，但

方针管理和日常管理的定位

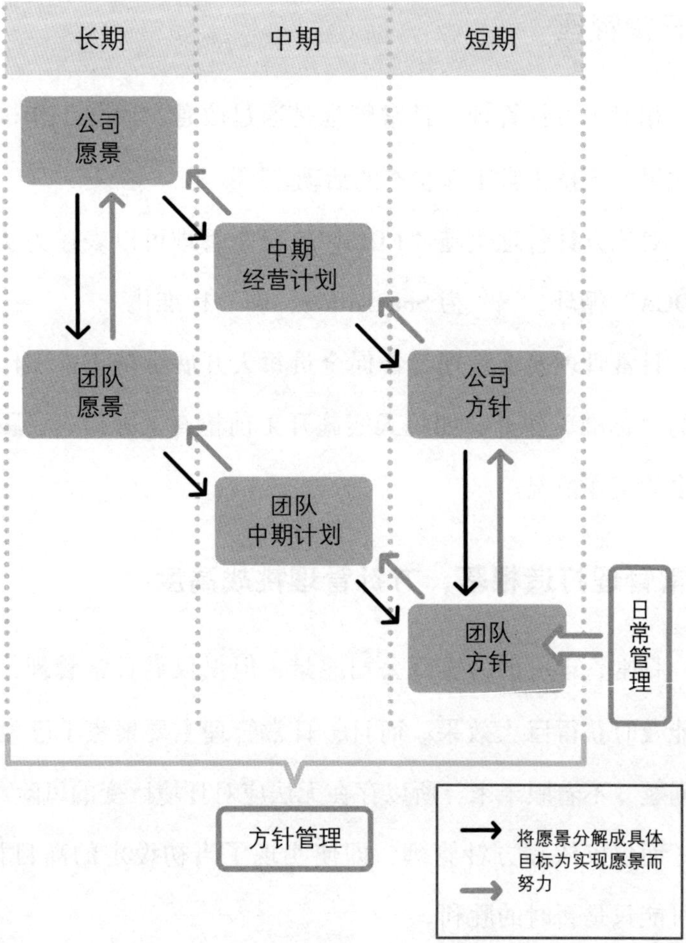

负责推进这项工作的分公司领导因人事变动离开了，导致改善工作停滞，相同问题再次出现……这种案例屡见不鲜。

这是因为员工只是自上而下听从命令，改善机制并未固化下来所导致的，换言之，日常管理没有发挥出功效。

提升企业综合实力，获得丰硕成效，需要我们通过日常管理打牢基础，通过方针管理有计划地挑战高目标，即应用日常管理和方针管理两条腿走路。

方针管理和日常管理的发展线

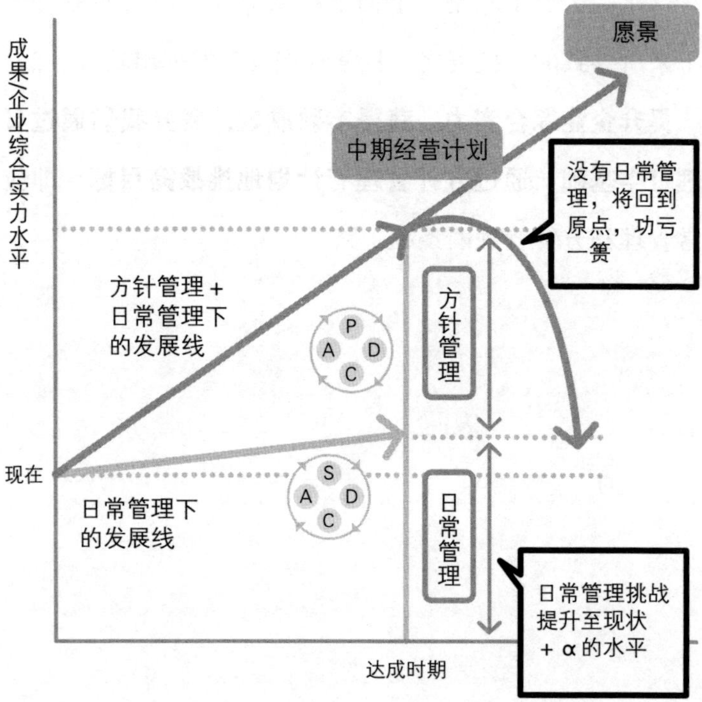

LECTURE 4 基于上层方针，制订团队方针的方法

在深入理解方针和现场情况的基础上，设定目标

前文强调了“应基于上层方针细化团队方针”。然而，这并不意味着单纯从表面上忖度自上而下的方针，将之转换成本团队的工作内容。

如果是科长，基于上层方针——部门方针，思考自己的科室方针时，应该一边跟上级部长沟通交流，一边与下级系长充分讨论，在此基础上，制订科室方针。

在制订方针的过程中，为了发现“应有姿态”与现状的差距，找到问题，应思考如下5方面因素。

①团队愿景

②上层方针和环境变化/对未来的预测

③团队的挑战目标

④工作执行层面的问题

⑤反思团队管理工作后，发现的改善课题

①~③从公司愿景分析得出，④和⑤从现场发现。

然而，如果5个因素各不相同、毫无关联，工作内容将杂乱且分散。

为避免出现上述情况，大岛老师说，应先找到上层方针和现场问题的关系，再设定团队的方针和目标。

例如，“上层方针是‘今年是品质重视年’。

“但是，从品质角度观察本团队时，发现不良率高的问题已经解决，应该怎么办呢？这时需要我们考虑除不良率外，是否还有其他与‘重视品质’主题相关的课题。此时，日常管理数据就很有参考价值了。

“假如通过回顾日常管理数据，发现‘不良数量很少，但是有些品质问题反复发生’，那么可以将团队课题设定为‘彻底贯彻防止品质问题再出现的对策’。

“换言之，对于管理者来说，必须同时对方针和现场有着深刻的理解。管理者应该在正确理解上层方针的意图和背景、充分掌握现场的优势和弱点等情况的基础上，设定团队目标。”

日常管理板便于设立方针，提振员工士气

工作方针以年为单位进行设定，设定时，若翻出积累的全部日常管理数据，重新思考应设定什么方针的话，恐怕多少时间都不够。

生驹老师说**“日常管理板能够让设定方针的工作变得更轻松”**。

“在日常管理中，如果有人发现‘应有姿态’和‘现状’之间的差距问题，就让发现之人及时记录下来，**作为‘发现笔记’，贴在日常管理板中**。

“例如，商店员工包装商品的质量和时间各不相同，正常来说，商店是不可以出现这种差别的，所以可以将此内容写成‘发现笔记’，贴在日常管理板中。

“然后，在年中或各季度规定时间反思过往工作时，整理和回顾积累下来的‘发现笔记’。摆出所有笔记，验证各个问题的严重度、紧急度、扩大倾向（问题之火没有熄灭，反而不断蔓延）等。

“此外，可以用于解决问题的人力和物力资源是有限的。因此，应与上司、团队员工一起讨论，找到笔记中优先度高

的问题，设定为下一年的工作方针。

“这样就可以顺利地设定团队方针，助力公司业绩达成了。”

另外，李原（MOKUHARA）老师提到，**“采纳了现场意见的工作方针，可以提振一线士气”。**可以说，一线挑战达成工作方针的意愿强弱，是检验大家对方针的理解程度的试金石。

“换言之，如果方针采纳了大家的声音，现场的干劲也会提升，大家会主动想‘再加把劲儿，努力干’。

“现场的干劲提升了，会进一步促进大家深入理解方针，主动思考改善方法，然后进一步促进合理采纳群众的声音，形成良性循环。

“反之，如果大家觉得‘没有采纳现场的想法’，这说明现场对方针的理解程度还不够。需要重新说明方针内容，获得大家的充分理解，扶正现场努力的方向。”

通过“创意发现”，动员改善

除让现场深入理解方针内容之外，还需鼓励大家主动发现并多提改善意见。

李原（MOKUHARA）老师说，丰田通过将现场的苦恼分成两类，提升了现场的工作干劲。

“把‘现场的苦恼’中的大苦恼反映到工作方针中，施加对策加以解决；小苦恼通过鼓励并表扬大家积极提出‘创意发现’，加以解决。

“‘大苦恼’指需依靠团队全员付出一定时间才能解决的问题。‘小苦恼’包括通过改变物体放置方式来提升工作效率，通过导入检查清单减少失误等问题。”

“创意发现”是丰田推行的员工改善提案制度。如果员工在日常工作中有所发现，或有更优的做法推荐，可以总结到1张A4纸上，向领导提案。

如果被评选为工厂月度优秀提案，成为工厂代表性提案的话，将接受丰田公司“创意发现委员会”的审核。如果最终被评为优秀提案，可以获得金钱奖励。

此外，丰田还有一个**“3行提案制度”**，可以说是简易版的创意发现提案制度。

此制度考虑让不擅长制作资料的人也能积极提案，规定**只需将“问题”“改善方案”“效果”3个项目分行列出即可**。而且“3行提案制度”接受非正式员工的提案，被评选为有效提案后，可获得少额奖金。

就这样，激励现场提升发现问题的主动性，可以获得丰富的提案。

即使最终只得到了小小的改善，但通过让大家的努力反哺团队，提振了士气，现场更加积极地实施改善了。

明确工作内容和期限

如 CHAPTER 1 和 CHAPTER 3 介绍，定下团队方针和目标之后，需要设定“管理指标”，评价方针和目标是否达成，以及成果如何。

接着，为了达成管理指标，思考如何解决问题，制订具体的执行计划。

此时，非常重要的是明确“由谁，在何时之前，具体把什么工作做到什么程度”。

CHAPTER 5 中写道：“面对方针和目标，日常管理板明确规定‘由谁’‘在什么时间前’‘做什么’。”其实这一点从制订方针到制作执行计划，都非常重要。

①方针和目标　例如明确“以什么为目的，何为对象，怎么做”，让大家联想到具体如何行动。

②管理指标　例如明确“评价标准是什么，目标值为多少，何时达成”，让大家准确无误地理解内容。

③执行计划　规定“主要负责人员，对象团队和部门，时间计划，具体工作内容”，敦促全体相关人员按计划执行。

方针管理以坚实可靠的日常管理为基础，而掌控和统率日常管理实施者（现场）的力量，是管理者不可或缺的能力。

明确工作内容和期限

1 方针和目标

注意让人联想到具体如何行动
- 何为目的
- 何为对象
- 如何改变现状

2 管理指标

设定评价成果水平的标准
- 何为评价标准
- 目标值设定为多少
- 何时达成

3 执行计划

规定具体工作
- 谁主要负责
- 范围覆盖至哪个团队或部门
- 在何时之前
- 做什么

LECTURE 5

检查工作确认的是结果和过程

检查工作的确认要点

管理者深入现场，通过日常管理板与员工展开交流，是很重要的。那么，在检查时，应具体检查什么呢？

如前文所述，方针管理和日常管理重视从管理循环中发现“行至结果的过程”，挑战持续稳定输出成果。因此，在检查时，不仅要检查可见的成果，检查如下过程也很重要。

· 是否按计划执行了应实施事项

· 是否“现地现物”地确认了目标的达成情况

· 是否找到了达成或未达成目标的真因，并采取了相应的行动

· 是否在合适的时间进行了沟通、联络和汇报

· 是否在推进制度、人才培养等管理工作方面有要求

此外，还应该在“管理者本身是否做好了团队管理”这方面，检查如下工作是否合理展开。

· 向现场员工分享客户需求和团队愿景，获得大家的理解

· 团队目标的设定方法和推进制度等

· 方针的制订与展开

· 培养助力实现团队使命的人才

· 创造利于实现团队使命的工作环境

· 关于团队管理的重要信息的共享与应用

基于检查结果，持续改善，能够促进“企业综合实力的发展”。让我们持续不断地实施方针管理和日常管理的 PDCA/SDCA 循环吧。

CHAPTER 6

小节

• 问题的解决分为 3 类，分别为“解决愿景导向类问题”“解决设定类问题”，以及“解决发生类问题”。

• “公司方针和部门方针”通过“解决愿景导向类问题”的方法分析得出。

• 基于上层方针，分解得出“科室方针”，需获得领导和公司的认可、支持，属于“解决设定类问题”。

• 正发生的现场“改善”，是“解决发生类问题”。

• 应综合应用方针管理和日常管理，管理团队。一边通过日常管理，打牢根基；一边通过方针管理，有计划地挑战高目标。

• 在运用日常管理板的过程中，不仅要检查结果，还要检查过程，实施改善。这样有利于“企业综合实力的增强”。

后记

Postscript

最后，我想用引入日常管理板之后，很多经营层的细微且温暖的感受，来结束此书。

被培训老师要求“常来一线看看”之后，社长、厂长们在现场感触颇深的是一线的创意之丰。“原来还能这样画管理图”“居然找到了这样的改善方案”……领导们被现场的“思考力”所折服，赞叹之声不绝于耳。

还不乏有领导这样害羞地告白：“站在日常管理板前，我瞬间就感受到大家为实现管理指标有多努力了。而且每一份努力都变成了可见的结果，让我知道，原来每一个他和她的奋斗，结出了什么样的果实，有时甚至感动得泪腺失防。”

还有人提出，来到现场之后，收获了很多惊喜的发现，例如“那个人虽看起来像个不良青年，但非常礼貌地跟我打招呼”“我看到了那位女同事在角落里默默地拾起垃圾的背影”。

在负责现场管理的管理者看来，这些也许微不足道，但对经营层而言，却是意义重大，一线的人们变成了“活生生的伙伴”，不再是陌生的存在。

笔者通过在“序言”中提出“经营层的挑战目标与现场的努力方向不一致”的问题，开始了本书的论述。可以说，日常管理板不仅是为了打破此状态、成为“让每位员工的日常工作都与实现整个团队，甚至全公司的目标相关联的工具”，还是“凝聚和拉近经营层与现场的心的工具”。

我们坚信，企业文化的变革定从此开始。

2021 年 2 月

OJT Solutions

东方出版社助力中国制造业升级

书　　名	ISBN	定　价
精益制造 001：5S 推进法	978-7-5207-2104-2	52 元
精益制造 002：生产计划	978-7-5207-2105-9	58 元
精益制造 003：不良品防止对策	978-7-5060-4204-8	32 元
精益制造 004：生产管理	978-7-5207-2106-6	58 元
精益制造 005：生产现场最优分析法	978-7-5060-4260-4	32 元
精益制造 006：标准时间管理	978-7-5060-4286-4	32 元
精益制造 007：现场改善	978-7-5060-4267-3	30 元
精益制造 008：丰田现场的人才培育	978-7-5060-4985-6	30 元
精益制造 009：库存管理	978-7-5207-2107-3	58 元
精益制造 010：采购管理	978-7-5060-5277-1	28 元
精益制造 011：TPM 推进法	978-7-5060-5967-1	28 元
精益制造 012：BOM 物料管理	978-7-5060-6013-4	36 元
精益制造 013：成本管理	978-7-5060-6029-5	30 元
精益制造 014：物流管理	978-7-5060-6028-8	32 元
精益制造 015：新工程管理	978-7-5060-6165-0	32 元
精益制造 016：工厂管理机制	978-7-5060-6289-3	32 元
精益制造 017：知识设计企业	978-7-5060-6347-0	38 元
精益制造 018：本田的造型设计哲学	978-7-5060-6520-7	26 元
精益制造 019：佳能单元式生产系统	978-7-5060-6669-3	36 元
精益制造 020：丰田可视化管理方式	978-7-5060-6670-9	26 元
精益制造 021：丰田现场管理方式	978-7-5060-6671-6	32 元
精益制造 022：零浪费丰田生产方式	978-7-5060-6672-3	36 元
精益制造 023：畅销品包装设计	978-7-5060-6795-9	36 元
精益制造 024：丰田细胞式生产	978-7-5060-7537-4	36 元
精益制造 025：经营者色彩基础	978-7-5060-7658-6	38 元
精益制造 026：TOC 工厂管理	978-7-5060-7851-1	28 元

书　　名	ISBN	定　价
精益制造 027：工厂心理管理	978-7-5060-7907-5	38 元
精益制造 028：工匠精神	978-7-5060-8257-0	36 元
精益制造 029：现场管理	978-7-5060-8666-0	38 元
精益制造 030：第四次工业革命	978-7-5060-8472-7	36 元
精益制造 031：TQM 全面品质管理	978-7-5060-8932-6	36 元
精益制造 032：丰田现场完全手册	978-7-5060-8951-7	46 元
精益制造 033：工厂经营	978-7-5060-8962-3	38 元
精益制造 034：现场安全管理	978-7-5060-8986-9	42 元
精益制造 035：工业 4.0 之 3D 打印	978-7-5060-8995-1	49.8 元
精益制造 036：SCM 供应链管理系统	978-7-5060-9159-6	38 元
精益制造 037：成本减半	978-7-5060-9165-7	38 元
精益制造 038：工业 4.0 之机器人与智能生产	978-7-5060-9220-3	38 元
精益制造 039：生产管理系统构建	978-7-5060-9496-2	45 元
精益制造 040：工厂长的生产现场改革	978-7-5060-9533-4	52 元
精益制造 041：工厂改善的 101 个要点	978-7-5060-9534-1	42 元
精益制造 042：PDCA 精进法	978-7-5060-6122-3	42 元
精益制造 043：PLM 产品生命周期管理	978-7-5060-9601-0	48 元
精益制造 044：读故事洞悉丰田生产方式	978-7-5060-9791-8	58 元
精益制造 045：零件减半	978-7-5060-9792-5	48 元
精益制造 046：成为最强工厂	978-7-5060-9793-2	58 元
精益制造 047：经营的原点	978-7-5060-8504-5	58 元
精益制造 048：供应链经营入门	978-7-5060-8675-2	42 元
精益制造 049：工业 4.0 之数字化车间	978-7-5060-9958-5	58 元
精益制造 050：流的传承	978-7-5207-0055-9	58 元
精益制造 051：丰田失败学	978-7-5207-0019-1	58 元
精益制造 052：微改善	978-7-5207-0050-4	58 元
精益制造 053：工业 4.0 之智能工厂	978-7-5207-0263-8	58 元
精益制造 054：精益现场深速思考法	978-7-5207-0328-4	58 元
精益制造 055：丰田生产方式的逆袭	978-7-5207-0473-1	58 元

书　　名	ISBN	定　价
精益制造 056：库存管理实践	978-7-5207-0893-7	68 元
精益制造 057：物流全解	978-7-5207-0892-0	68 元
精益制造 058：现场改善秒懂秘籍：流动化	978-7-5207-1059-6	68 元
精益制造 059：现场改善秒懂秘籍：IE 七大工具	978-7-5207-1058-9	68 元
精益制造 060：现场改善秒懂秘籍：准备作业改善	978-7-5207-1082-4	68 元
精益制造 061：丰田生产方式导入与实践诀窍	978-7-5207-1164-7	68 元
精益制造 062：智能工厂体系	978-7-5207-1165-4	68 元
精益制造 063：丰田成本管理	978-7-5207-1507-2	58 元
精益制造 064：打造最强工厂的 48 个秘诀	978-7-5207-1544-7	88 元
精益制造 065、066：丰田生产方式的进化——精益管理的本源（上、下）	978-7-5207-1762-5	136 元
精益制造 067：智能材料与性能材料	978-7-5207-1872-1	68 元
精益制造 068：丰田式 5W1H 思考法	978-7-5207-2082-3	58 元
精益制造 069：丰田动线管理	978-7-5207-2132-5	58 元
精益制造 070：模块化设计	978-7-5207-2150-9	58 元
精益制造 071：提质降本产品开发	978-7-5207-2195-0	58 元
精益制造 072：这样开发设计世界顶级产品	978-7-5207-2196-7	78 元
精益制造 073：只做一件也能赚钱的工厂	978-7-5207-2336-7	58 元
精益制造 074：中小型工厂数字化改造	978-7-5207-2337-4	58 元
精益制造 075：制造业经营管理对标：过程管理（上）	978-7-5207-2516-3	58 元
精益制造 076：制造业经营管理对标：过程管理（下）	978-7-5207-2556-9	58 元
精益制造 077：制造业经营管理对标：职能管理(上)		
精益制造 078：制造业经营管理对标：职能管理(下)		
精益制造 079：工业爆品设计与研发	978-7-5207-2434-0	58 元
精益制造 080：挤进高利润医疗器械制造业	978-7-5207-2560-6	58 元
精益制造 081：用户价值感知力	978-7-5207-2561-3	58 元
精益制造 082：丰田日常管理板：用一张看板激发团队士气	978-7-5207-2688-7	68 元
精益制造 083：聚焦用户立场的改善：丰田式改善推进法	978-7-5207-2689-4	58 元

“精益制造” 专家委员会

齐二石　天津大学教授（首席专家）

郑　力　清华大学教授（首席专家）

李从东　暨南大学教授（首席专家）

江志斌　上海交通大学教授（首席专家）

关田铁洪（日本）　原日本能率协会技术部部长（首席专家）

蒋维豪（中国台湾）　益友会专家委员会首席专家（首席专家）

李兆华（中国台湾）　知名丰田生产方式专家

鲁建厦　浙江工业大学教授

张顺堂　山东工商大学教授

许映秋　东南大学教授

张新敏　沈阳工业大学教授

蒋国璋　武汉科技大学教授

张绪柱　山东大学教授

李新凯　中国机械工程学会工业工程专业委会委员

屈　挺　暨南大学教授

肖　燕　重庆理工大学副教授

郭洪飞　暨南大学副教授

毛少华　广汽丰田汽车有限公司部长

金　光　广州汽车集团商贸有限公司高级主任

姜顺龙　中国商用飞机责任有限公司高级工程师

张文进　益友会上海分会会长、奥托立夫精益学院院长

邓红星　工场物流与供应链专家

高金华　益友会湖北分会首席专家、企网联合创始人

葛仙红　益友会宁波分会副会长、博格华纳精益学院院长

赵　勇　益友会胶东分会副会长、派克汉尼芬价值流经理

金　鸣　益友会副会长、上海大众动力总成有限公司高级经理

唐雪萍　益友会苏州分会会长、宜家工业精益专家

康　晓　施耐德电气精益智能制造专家

缪　武　益友会上海分会副会长、益友会/质友会会长

东方出版社

广州标杆精益企业管理有限公司

标杆精益®
BENCHMARK LEAN

人民东方出版传媒
People's Oriental Publishing & Media
東方出版社
The Oriental Press